子どもの頭がグンと良くなる！

出口汪
Hiroshi Deguchi
画：設樂みな子
Minako Shitara

水王舎

はじめに

本書をすべての小学生のご両親に贈りたいです。いや、教育や勉強法に関心を持つ、すべての日本人に。

なぜなら、本書に書いてあることを知っているかどうかで、本当に子どもの将来が変わってくると確信しているからです。

私は長年衛星放送やラジオ講座で多くの大学受験生を指導してきましたが、私の講座を受講する受験生の反応は大きく二分されます。

私は現代文の入試問題を徹頭徹尾、論理的に解明していきます。その結果、信じられないほどの成績の伸びを示す受験生と、最初から拒絶反応を示す受験生とに分かれるのです。

子どもの頃から詰め込み勉強を強いられてきた受験生は、自分でものを考えることに苦痛を感じるようです。彼らはおそらく生涯間違った勉強の仕方をし続け、その努力は決して報われることはないでしょう。それが私には痛いほど分かるのです。

自分で考える力をつけた子どもたちを育てるには、受験生になってからでは遅すぎます。そこで、私は指導対象をしだいに中学生、小学生へと降ろしていったのです。

小学生時代の勉強の仕方を変えなければ、その子どもは将来時代に取り残され、より苛烈になる競争社会の敗者になることは間違いありません。

世の中は今や激変し、来たるべき大学入試改革においても、知識偏重の試験問題は是正され、知識ではなく、それを使いこなす論理力が問われることが決定しています。

今の小学生が大学を受験する頃には、新しい入試制度に変わっているのです。そのときになって後悔しても後の祭りで、どうにもならないのです。

小学生の頃から自分でものを考える習慣をつけるには、国語の力を伸ばしていくしかありません。国語によって、論理的な思考を身につけるのです。その結果、論理的な話し方、読み方、考え方、書き方と、すべてが同時に変わっていきます。

なぜなら、私たちは生涯日本語でものを考えていくのですから。その日本語を論理的に使いこなす訓練を、小学生の頃から徐々にしていけばいいのです。

そのためには、まずご両親に本当の国語力とは何か、それをどのように身につけたらいいのかを知ってもらいたいのです。

おそらく本書を読んで、驚嘆される方が多いと思います。それぐらい本書は最も本質的で、最も進んだ国語の学習の仕方を提案しています。

小学生の頃は、自分で学習方法を選択することができません。だからこそ、親が絶えず新しい情報を獲得し、賢明な判断をしなくてはなりません。

本書がそのきっかけになればと願っています。

本書は私が小学生のご両親にどうしても伝えたいことを、心を込めて執筆しました。より多くの方々にお届けしたいので、でき得る限り分かりやすい説明を心がけたつもりです。

それだけでなく、本書の内容をもっと身近に感じていただけるように、設樂みな子さんにマンガをお願いしました。非常にほのぼのとした、それでいて要所を押さえた素晴らしいマンガを描いていただけました。
本当に感謝しています。

私の願いが一人でも多くの小学生のご両親へ届くように、切に祈っています。

出口 汪

目次

はじめに……3
登場人物紹介……12

考える力は なぜ必要なのか

1 考える力のない子……14
2 伝える力のない子……18
3 感情語で会話する子どもたち……22
4 頭の良さは遺伝？……26

5 指示待ち族……34
6 努力は正しく行いましょう……38

「国語力」とは何か

7 国語はセンス?……44
8 筋道を立てる……50
9 相手がどのように感じるか……56
10 分かってもらうにはきちんとした論理が必要……62
11 論理的思考で解決……70
12 国語力で人生が変わる……76

三つの論理とは

A 因果関係・理由づけ……86
13 なぜだろう？ の気持ちを育てよう……96
14 論理の破たんに気をつけよう……102
B イコールの関係……108
15 具体例を出すと分かりやすい……118
16 比喩……126
C 対立関係……134
17 身近な例で対比してみよう……138
18 予想される反対意見を考えてみよう……142

第4章

頭の使い方を変える勉強法とは？

19 主語と述語に着目する……148
20 言葉がなければ考えられない……156
21 漢字博士？……162
22 漢字の勉強法……168

第5章

国語力があれば、全教科の成績が上がる！

23 日本語の力……182
24 論理力……190

25 暗記……196
26 英語を学ぶよりも大事なことは？……202

第6章

実践ノートで伝える力と書く力はここまで上がる

27 書き言葉と話し言葉……210
28 伝わる文章を書こう……216
29 「伝えるノート」……222
おわりに……235
巻末付録 「伝えるノート」

登場人物紹介

はるくん

小学校5年生の男の子。

元気いっぱいで、外で遊ぶのが大好き。

気持ちが優しく、困っている子を放っておけない。勉強は一生懸命頑張ろうとするが、分からないとすぐに飽きてしまう。

なっちゃん

小学校２年生の女の子。はるくんの妹。

おませで、本が大好き。頭が良く、時々厳しい一言をズバッという。クラスメイトからの人望が厚く、リーダー的存在。お兄ちゃんのことが大好きだが、常にツンデレ。

アキさん

はるくんと、なっちゃんのお母さん。

社交的で友だちが多い。ママ友に強烈な人がいる。子どもたちの前では明るくて優しいお母さん。一人になるとよく子どもの将来のことで考えこんでしまう。

フユオさん

はるくんと、なっちゃんのお父さん。

サラリーマン。マイペースでのんびり屋。

なっちゃんに何かいわれるとデレデレしてしまう。たまに大事なことをボソッという。憎めない人柄。

第1章

考える力はなぜ必要なのか

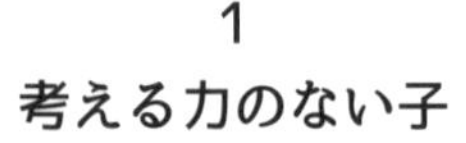

1 考える力のない子

はるくん
今夜何食べたい？

んー
なんでもいいー

はる
最近学校楽しいか？

んー
フツー！

いってきまーす！

はるは元気だなぁ
元気ね

はるくんおはよー
おはよー

今日私達日直でしょ
はるくん飼育小屋そうじとプリント配りどっちがいい？

ん――――
どっちでもいーよ！

やった！じゃあ 私 飼育小屋ね
ありがとうはるくん！やさしー

はる！土曜日サッカーやらない？
うんいーよ！

なーなー野球やろうぜ土曜日！
土曜日？
あ…いーよ！

土曜日
いってきまーす！

ねえはるくん…

サッカーと野球どっちに行くの？
この子大丈夫かしら
う―――ん…

考える力のない子

みなさんは、自分の子どもにどのように育ってほしいですか？

きっと、幸せな生活を送ってほしいと願っているはずです。

では、幸せを自分の手でつかみ取るために、必要な力はなんでしょうか？

その答えは、国語力です。

国語力とは、ものごとの筋道を立て、それを理解する力のことです。もっと簡単に言えば、**「考える力」**といえるでしょう。


マンガに登場する、はるくんは、元気で明るい男の子です。しかし、自分で考える力が養われていないため、同じ日に野球とサッカーをする約束をしてしまいます。この場合、「サッカーと野球は同時にはできないな。じゃあどうしよう？　時間をずらそうかな、それとも……」こんなふうに自分で考えられることが大切です。

「自分で考えるなんて当然では？」と、感じた方もいるかもしれません。しかし、実は最近、**考える力のない子どもが増えている**のです。考える力がない、つまり、自分の意見を持っていないのです。

このような子どもが増えている背景には、現在の教育体制が関係しています。学校や塾では、先生が常に正しい答えを提供し、子どもたちは何も考えずにその答えをただ受け取ります。このような教育を受けていると、しだいに自分の意見を持つ必要を感じなくなり、正解は探せば誰かが与えてくれるものだと思ってしまいます。

しかし、社会に出れば、誰も絶対的な答えなど持っていません。

今の子どもたちが社会に出る頃には、私たちが経験したことのない新しい時代を迎えることになります。これからの時代は、**次々に起こる未知の問題を、自分の頭で考えて解決する力**が求められます。

そして、そのために必要なのが、**国語力**なのです。

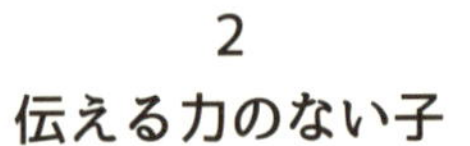

2 伝える力のない子

わ!
もっくんすごいね!
93点!

すごいねー
ぼく65点
もっくんすごいね
ぼく72点
ぼく70点
うん…

算数は?
どうだった?
わ!
95点!

もっくんすごいね!
天才じゃん
うん…

どうしてそんなにいい点取れるの?
どうやって勉強してるの?

どうやって…?
えーーと

えーとね
ごくっ

まずね
きっとなにかスゴイ方法で勉強しているにちがいない

家に帰るでしょ
それから

家に帰ってそれから
どき
どき

手を洗って
あうがいもして

手を洗ってうがいもして
ここまではオレもクリア！
ぼくも今日からちゃんとうがいするぞ
どき
どき
どき

そのあとおやつを食べるときもあって食べないときもあって
夕ごはんの前にいつも勉強するんだけど
何時位かな　6時　5時半くらいかな

教科書とノートを出してえんぴつと消しゴムも…
それからえっと
えーと、えーと
…イラ
…イラ
…

伝える力のない子

とりとめのない話し方で、いったい何がいいたいのか分からない。そんな子どもたちも増えています。

マンガに登場するもっくんは、テストで高得点を取る、成績優秀な男の子です。しかし、会話となるとさっぱり要領を得ません。「どうやって勉強してるの？」という友だちからの問いかけに対して、結論をいわず、長々と関係ないお話ばかりしています。これでは、相手は自分が求めている答えを聞けず、いらいらしてしまいますよね。もっくんは、どうしてこのような話し方をしてしまうのでしょう？

それは、**自分の考えや気持ちを人に伝える力がない**ためです。

いくら言葉や知識が頭の中にあっても、伝える力がなければ意味がありません。

私たちが人に何かを伝えるためには、**伝えたい情報を頭の中で整理する**必要があります。そして、そのときに必要な力が、国語力です。もっくんのような子どもは、国語力を鍛えていないため、頭に思い浮かぶまま言葉をまき散らしてしまうのです。

そして、このような子どもたちが、そのまま成長して社会に出てしまうと、自分が話している内容を理解してもらえないという、つらい経験をすることになります。なぜなら社会では、自分と価値観も、年齢も、立場も、育った環境も異なる「他者」とコミュニケーションを取る必要があるからです。

自分の子どもに当てはまると、どきっとした方もいるかもしれませんが、大丈夫です。本書で子どもの頃から国語力をしっかり鍛えれば、**相手の立場に立って分かりやすく論理的に話す力が身につくようになります。**

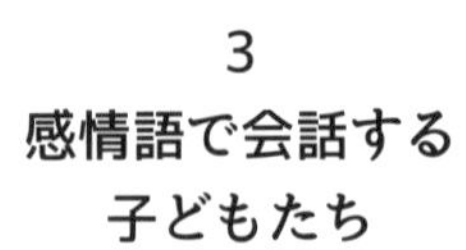
3
感情語で会話する
子どもたち

うわー
ちょー
キモーー!

キモ――
ヤバい ヤバい
ムリ――

お?
でっけーイモムシ
ヤッベ―――!

ゲット!
ウヒョー
ひょい

やだ
こっち
こないでよ!

アイツ
まぢ
ウザい!!
やだー

あ！
先生!!
ん？

アイツちょームカツくんですけど！
ヤバい大きさのイモムシをね

ちょーウザイんです
まじムカツク
もー、ハンパなくヤバいおっきなイモムシで

……先生にもわかる言葉で話せるかな？

え？
あ？
えと…？

つまりものすごーく大きなイモムシを持って追いかけてくるアイツに腹が立っているっていうことだね？

そう！
それそれ
なんだ先生わかってるじゃーん

てゆーか いまのようやく?!
カミってる――
ヤバーい先生ちょー頭良くない!?
ヤバいツボったーなんかウケる！
……

感情語で会話する子どもたち

「ムカつく」「ウザい」「ヤバい」「ビミョウ」「ウケる」

街を歩いても、テレビをつけても、こういった言葉が耳に入ってきます。

自分の子どもの言葉遣いを注意して聞いてみてください。このような言葉だけで自分の感情を伝えようとしていませんか？

こうした言葉を使ってはいけないと言っているのではありません。問題は、こうした言葉でしか自分の気持ちや考えを伝えることができなくなってしまうことです。

言葉には、**感情語と論理語の二種類**があります。

感情語……「ムカつく」「ウザい」などのように、感情をストレートに表現した言葉

論理語……何が、どのように「ムカつく」のかを、他人に説明するための言葉

人と人とが分かり合うためには、論理語が必要です。

たとえば、言葉を話せない赤ちゃんは、お腹がすくと「おぎゃー」と泣いたり、言葉を持たないイヌやネコは、威嚇したり、甘えたりするときに「わん」「にゃん」と鳴きますよね。子どもが「ムカつく」といって、その言葉だけで自分の気持ちを分かってもらおうとするのは、赤ちゃんやイヌやネコが発する「おぎゃー」「わん」「にゃん」と似たようなものなのです。

つまり、**感情語だけでは、自分の気持ちは決して伝わりません。**

自分の想いや望みを、論理語で相手に分かりやすく伝えなければ、周りもどのように対処していいか分かりません。

ですから、もし、子どもが「ムカつく」「ウザい」などといったら、「どうして？」「何が？」と質問してみてください。感情語では相手に伝わらないと理解させ、日常生活で**論理語を使って話すことを習慣づけましょう。**

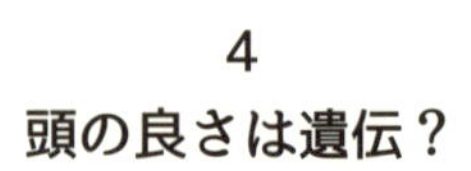

4
頭の良さは遺伝？

授業参観中

――は
――です
キリッ
DATA
ハジメくん
クラス１の秀才
女子人気も高い

おおおおー

じゃ 次
はるさん

はるくん
ガンバッ!!
あー
えっとー

問題を
きいてなかったので
わかりません

ドッ
でも
正直に
言えたもんね

ねえママ
ママ
聞いてる?
ねえっ
てば!

え?
なに?
もー
ちゃんと話
聞いてよー

ごめん
ごめ…
はっ!!
もー

もしやはるくんが
授業中話を聞いて
ないのは
きいてなかったので
わかりません
遺伝?

あ
ここ
ハジメくんち
えっ

ハジメくんの
ご家庭…
きっと
教育熱心で
厳格なご両親に
違いないわ!!
ハジメくん
いるかなー

そ

あれは
ハジメくんの
パパ？

ゲッハッハ

くだらない
バラエティ番組
をみて
ゲハゲハ
笑っている…

パパはウチと
大差ない感じ
じゃあ
きっと
ママが…
ホーホホホ
あ！
ハジメくんと
ハジメくんの
ママ！

ハジメくんの
ママ?!

まぁ
はるくんママ？
はじめまして！
おーーー
はるくーーん
エリール
エリール

いま そこの
スーパーで
トイレット
ペー
パーの
タイムセール
やってるわよ！

お一人様
4点まで
だったから
わたしもう
一回行こうかと
思ってましてね！
…ハジメくん
とは全然似て
ないわね…

頭の良さは遺伝？

「あの家は両親ともエリートだから、お子さんも頭がいいのね」

「うちの子は私に似て頭が悪いから、どうせ勉強してもだめよ」

このような話をよく耳にすることがあります。果たして生まれつき頭がいいとか悪いとかは本当に存在するのでしょうか？　また、そのことは子どもの学習にどれほどの影響を与えるものなのでしょうか？

もし、スポーツや芸術などで一流を目指そうとするなら、ある程度先天的な要素、つまり生まれ持ったものが必要となるかもしれません。しかし、学習に関していえば、小学生や中学生のうちは、**遺伝的な才能がなければできないような勉強はまったくありません。**

「うちの子はあまり頭が良くない」と思っている方に、はっきりとお伝えしたいことがあります。

それは、**親の責任**です。

子どもというのは楽な方へと流れてしまうものです。もし子どもに、参考書とマンガのどちらを読んでもいいよ、といえば、ほぼ全員がマンガを読み始めるでしょう。

だからこそ、子どもの**学習のサポートは親がしてあげなくてはなりません**。

たとえば、宿題が終わるまでは、ゲームはできないし、テレビも見られない、などという約束をするのです。ただ、がむしゃらに勉強をさせればいいわけではなく、本当に頭のいい子になれるよう、親が子どもをコントロールしてあげる必要があるのです。

では、自分の頭で考えられる「頭のいい子」に育てるために、最も重要なことは何でしょうか。

それは、**言葉の習得**です。

言葉は、生まれつき習得しているものではありません。後天的に習得するものです。

つまり、**生まれつきの頭の良さとはまったく関係のないもの**なのです。

　私たちは誰もが、言葉を使ってものを考えます。「楽しい」「うれしい」「悲しい」「寂しい」これらはすべて言葉ですね。ためしに、言葉を使わずにものを考えてみてください。何も考えることはできませんよね。**私たちは、すべてのものごとを言葉で認識し、整理している**のです。


　小学生の特に低学年の頃は、言葉の習得に大きな個人差があります。

　早熟な子どもは自然と言葉を習得するので、学校や進学塾でも教師の言葉を正しく理解し、すぐに学習の成果を上げることができます。

　一方、言葉の習得が遅い子どもは、人の話を理解するのに他の子どもよりも時間がかかってしまいます。その結果、学習をする上で非常に困難な状況に陥ってしまうのです。なぜなら、話す・聞くという直接的なコミュニケーションのほか、書く・読むという行為に関しても理解力が劣るからです。当然、記憶力も十分に発揮することができません。

結果的に、学校や進学塾でもすぐには成果を上げることができず、「この子は頭が悪い」「いくら頑張っても無駄だ」と、教師も親も思い込み、まだ小学生のうちから子どもの将来を決めつけてしまいがちです。

しかし、それは完全に間違いです。

言葉の習得次第で、学習能力は格段にアップするのです。

言葉を習得することで、英語や算数、理科、社会など、あらゆる勉強の成績が上がるでしょう。なぜなら、どの教科であっても、日本語で理解し、日本語で解答するからです。詳しい理由は次章でお伝えしますが、国語力をつけるだけで、あらゆる能力が劇的にアップする子どもは多くいます。

また、言葉の習得は日常生活の中で養うこともできます。

たとえば、年上の兄や姉、友だちがいれば、どんどん一緒に遊ばせましょう。年上の子どもと遊ばせることで、新しい言葉を覚えたり、遊び方や人間関係なども教えてもらうことができるのです。遊びは、最高の学習の場なのです。

「頭のいい子」に育てるために大切なのは、親の考え方です。

「この子は頭が悪いから、だめだ」と、決して決めつけないでください。生まれつき頭の悪い子など一人もいないのです。

親は、子どもがより早く言葉を習得できるように、サポートをしてあげることが大切です。

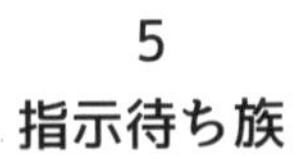

5 指示待ち族

今日は河原で
ご近所さんたちと
バーベキュー

ジュー
ジュー

もー
パパたちも
手伝ってよー
まあまあ
男性陣は
後片付け係
ってことで

こんにちはー
コッチ
コッチ
先にはじめて
ますよ！

娘の
○○です
ペコ
おおー！
T大生の?!
かしこそうな
顔してるなー

じゃ
おやじ達は
水いらずで
飲むから
焼き物
手伝って
きなさい
はーい
おー
いい娘だねー

ジュー
女手増えて
助かるわ！

とうもろこし取ってくれる？
ねー
肉まだー
はい！

野菜に串差しておいてくれる？
うめー
肉うめー
はい！

あ！
スイカ！川の中で冷やしておかないと！
ジュー

スイカ割りしよーぜ
お肉見ててね！
ジュ
ジュー
はい！

スイカー
なんで冷やすの？？
流れないの？
ジュ
ジュー

ジュー
ジュー

ふー
川の水冷たくて気持ちいいわよー

!!
お肉見てましたよ！
プス
プス
プス
コゲーー

指示待ち族

指示待ち族という言葉を聞いたことがあるでしょうか？

最近、東大などの難関大学を卒業して、一流企業に就職したにもかかわらず、実社会の中でまったく役に立たない人材が増えています。指示されたことはそつなくこなしますが、与えられたことをし終えたら、あとは自分からは何もせず、問題が起きることを予想していても対処しません。これが指示待ち族の典型です。

マンガに登場する娘は、「お肉、見ててね！」というアキさんの言葉の真意を考えることもなく、ただいわれたとおりお肉を見ていたために、結果として、お肉を焦がしてしまいます。

指示待ち族は、決して悪意があるわけでも、やる気がないわけでもありません。しかし、**自分で何かを発見し、学び、吸収し、解決していく、そういう考える力が欠け**

ているのです。

自分で考える力がない指示待ち族が増えたのは、子どもの頃に受けた詰め込み教育に大きな要因があると思われます。たしかに、高校受験や大学受験まではそれでうまくいくかもしれません。

しかし、社会に出てからはまったく通用しません。なぜなら、社会に出ても、自分のやりたいことや、働く目的を見つけることができないからです。

自分の力で考えることができなければ、自分で幸せをつかみ取れるはずがありません。どうか、未来ある子どもたちがそのような道を歩まないように、今から一生使える国語力で「考える力」をつけるサポートをしてほしいのです。

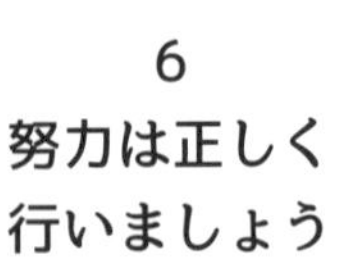
6
努力は正しく
行いましょう

噂の天才少年
○○君!!
噂の天才少年 ○○君
1分で100問くらいなら

すごいわねー♡
…！

………
ぼくも

ぼくもがんばるぞ！

今日から勉強やります！

はるくん
ついに目覚めたのね!!

せっせ
どさっ
せっせ
どさっ

ふうーっ

ママ！
ハチマキ持ってきて！
はーい♡

よし！
はるくんファイト

ママ！
夜食ちょうだい！
はーい♡

ただいまー
ねーねー！パパー！

はるくんがね
ついに目覚めたのよ!!
ほー

そっ
はる

目覚めた…？っていうか寝てるけど…
すぴ
はるくんファイト!

努力は正しく行いましょう

人はたいていの場合、子どもの頃の勉強法を生涯続けてしまうものです。一番恐ろしいのは、間違った勉強法で、一流中学、高校、大学と、とんとん拍子に合格してしまうことです。このやり方では通用しないと気づいたときにはもう手遅れ……ということになりかねません。

ここでいう間違った勉強法というのは、前にもお話ししたとおり、ひたすら暗記をし、考える力はまったく必要とされない、詰め込み型の教育のことです。

今、時代は変革期を迎えています。

古い時代に成功した勉強法はことごとく通用しなくなるのです。現代では、細かい知識などは記憶しなくても、インターネットで検索すれば分かります。漢字はパソコンが自動的に変換してくれますし、計算にしても、私たちが日常で必要とするのは、せいぜいおつりの計算くらいでしょう。それ以上の高度な計算は、すべてパソコンがしてくれます。

しかし、教育はいまだ時代に追いついていません。つまり多くの人は、小学校から高校までの十二年間、社会でまったく役に立たない勉強を、長い間強いられている状態なのです。その結果、高学歴にもかかわらず、自分の力で考える力を持たない指示待ち族になってしまう大人が増殖し始めているのです。

勉強には正しいやり方があります。

それは、**すべての勉強の土台となる国語力を鍛えること**です。詳しくは後述しますが、国語力は、新しい時代を切り開くために不可欠なのです。

しかし、国語は長い間フィーリングの教科とされ、正しい学習方法が示されてきませんでした。だからこそ、本書では**これからの子どもの人生に大きな影響を与えるような「国語の力」**についてお話ししたいのです。

まず大切なのは、**親が国語力を身につける**ことです。常に子どもとコミュニケーションを取りながら、論理的に分かりやすく会話することを心がけましょう。一日、二日で成果は出なくとも、必ず子どもたちは応えてくれるはずです。

親は誰でも、子どもに幸せになってほしいという気持ちを持っています。しかし、子どもの将来にまで幸せを与え続けることはできません。**幸せは、子ども自身が自分の手でつかむもの**です。

小学生は自分の勉強法を選択することができません。だからこそ、詰め込み型や、暗記学習中心の学校や塾ではなく、本書を読んで親こそが正しい勉強の方法を理解し、子どもを「自分で幸せをつかみ取れる人間」に育ててあげてほしいのです。

では、次章から、子どもの人生を変える「国語力」について詳しくお話ししましょう。

第2章

「国語力」とは何か

7
国語はセンス？

DRINK BAR

ウチの子 いつも テストの点数が いいざます
社会科なんて もう5回連続で 100点なんざます！

素晴らしいわ！
さすがだわ〜
ホホホ
一体 どうやったら あんな賢い お子さんに なるの？

とにも かくにも
暗記ざます！

なるほどー 暗記ね
みなさんも この極意を 暗記する ざますよ ホホホ
やっぱり 暗記なのね

ウチの子 国語が苦手 なんだけど
国語は どうしたら いいのかしら

国語？
国語は 仕方ない ざますよ

だって国語は
センス!!ざます
ぱたぱた

やっぱりそうかー
生まれ持っての才能ざますね
ホーホホ
そうよねー
国語はセンスかぁ…

ただいまー

はるくんの国語のテスト…
国語 ○○はる 17

……
おかえりー
ママおやつなにか…
あっ!!

はるくん…
びくぅ

国語は仕方ないわよー

…?

だって国語は
センス!!だから

あ!

あったコレコレ
……

国語は
センス!ざます
ぱたぱた

ホーホホホ

ママ それ扇子じゃないし
有名な先生が言うには国語はねセンスや才能ではなくきちんと勉強すれば伸びる教科らしいよ
とく とく
とく とく

……

はるくん!! 17点ってなに?!
わーい 次がんばりまーす
お兄ちゃん怒られてるのになんで嬉しそうなの?

国語はセンス？

「国語はセンスの教科だから、勉強しても仕方がない」

マンガでは、成績優秀な子どもを持つお母さんがそう断言しています。

しかし、その考えは、完璧に間違いです。

国語は、決してセンスや感覚の教科ではありません。**正しく勉強すれば、確実に成績の上がる教科**です。


私が長年、現代文を教えてきた予備校でも、国語は「センス」の教科だから勉強しても意味がないし、日本語だからなんとかなる、と思っている生徒が多くいました。

たしかに私たちは普段から日本語を使って会話し、手紙やメールを書いています。

しかし、国語という教科で試されているのは、このような日常レベルの日本語力ではありません。**与えられた文章を自分の力で読み解き、制限時間内に正解を導き出す力**が試されているのです。

では、どのように勉強すれば国語の成績は伸びるのでしょうか。

たとえば、中学入試では、必ず物語文が出題されます。

「物語文は一人ひとり読み取り方や受け取り方が異なるから、答えは一つではない」という人がいます。しかし、それは大きな間違いです。たしかに、ただ物語を読むだけであれば、「面白い」「つまらない」など、一人ひとり感じ方は違うと思います。

しかし、物語をただ読むことと、国語の物語文を読み解くことはまったく別物です。**読み解くとは、作者の意図を理解した上で、客観的に分析するということ**です。つまり、国語の問題を読み解く際には、「自分はこう感じる」という主観的な考えをすべてなくす必要があります。

ですから、国語の授業でよく聞く「登場人物の気持ちになってみよう」という指導法は明らかに間違っています。これでは、子どもは「自分だったらどう思うだろう？」と勝手に想像をめぐらせてしまい、答えを間違えても「どうして間違えたのか」が分かりません。

国語で必要なのは**「客観的読解力」**です。

詳しくは次の「８」で説明しますが、**国語は論理力を試す教科**といえるのです。

論理は学べば必ず習得できます。

国語は、勉強の仕方さえ間違わなければ、ぐんぐん成績が伸びる教科なのです。しかし、ほとんどの子どもたちが、なんとなく文章を読み、行き当たりばったり問題を解いているのが現状です。これでは、いくら努力しても成績は上がりません。

小学生の頃から、国語の大切さを知り、正しく勉強することが、今後の学習において大きな転機となるはずです。

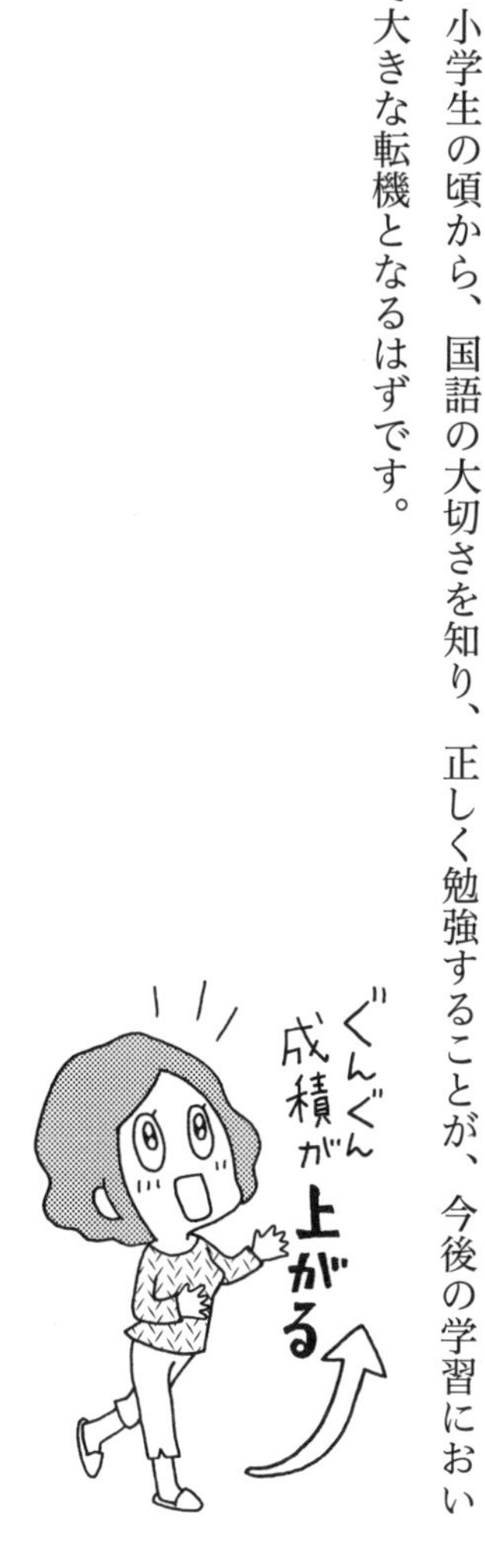

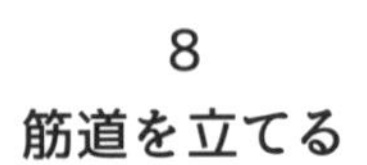

8 筋道を立てる

ねえ
パパ
ん?

わたしって
赤ちゃんの頃
かわいかった?

そりゃー
かわいかった
よー

それって
今も
変わらない?

そりゃー
もー
いや
変わった!

今は
前より
もっと
もっと
かわいいぞー!

はっはっは
じゃあ
パパ

かわいい子がかわいいお洋服を着たら
もっとかわいくなるよね?

うーん
なっちゃんは何着てもかわいいからなー

でも わたしにも似合うお洋服と似合わないお洋服があるよ

似合ってかわいいお洋服を着たら
わたしもっとかわいくなるでしょ?

うーんそうだねー
ね!

パパもかわいい娘だと嬉しいでしょ?
スタスタスタ

パパ大好き
これ買って♡
¥10,000-

うんいーよ
だめ

筋道を立てる

先ほど、国語で求められている力は**「論理力」**だとお話ししました。
では、その論理とはいったいどのようなものでしょうか？
たいていの人は論理と聞くと「難しそう」「堅苦しい」と感じるかもしれません。
でも安心してください。本書で述べる論理とは、もっと単純で、本質的なものです。

「論理」……筋道。日本語の規則に従って言葉を使うこと

筋道を立てるというのは、決して難しいことではありません。実は私たちが日常生活で常に行っていることなのです。

マンガでは、なっちゃんが「服を買ってほしい」という自分の欲求をお父さんに伝えるために、筋道を立ててお話ししていますね。いきなり「服を買ってほしい」と伝えるのと、なっちゃんのように、その欲求を伝えるまでにいくつかの筋道を立てるのとでは、おそらく欲求の伝わり方が違うはずです。

【なっちゃんの主張】
「服を買ってほしい」

【なっちゃんの立てた筋道】
「似合う洋服と似合わない洋服がある」→「似合っていてかわいい洋服を着たら、私はもっとかわいくなるはずだ」→「パパもかわいい娘が好きだ」→「服を買ってほしい」

私たちは自分の欲求や感情を伝えようとするとき、知らず知らずのうちに論理を使っています。たとえば「暑いから、服を脱ぎたい」。たったこれだけでも、暑いと感じるから服を脱ぐという、筋道の通った立派な論理です。

人は、物心がついた頃から論理を使うようになります。赤ちゃんのように感情語で話すだけでは、自分の欲求や感情は伝わらないと分かるようになるからです。

たとえば、幼稚園児くらいの子どもが、どうしても手に入れたいオモチャがあったとしましょう。子どもは「お母さん、あれ買って」とねだりますが、お母さんは「ダメよ、あんなオモチャ、たくさん持っているでしょ」といって買ってくれません。

その子どもにとって、欲しいオモチャは他のオモチャとは異なる、他に代えようがないものだったのですが、ただ「あれ買って」といっただけではそうした気持ちはお母さんに伝わりません。そこで、子どもは頭を働かせ、次のようにいいます。

「○○ちゃんも、そのオモチャを持っているよ」

「○○ちゃんも持っている」というのも、立派な論理です。「○○ちゃんも持っている。だから、私も持つべきだ」という**因果関係**を使っているのです。

そして「先生もそのオモチャがいいっていってたよ」といえば、これは**引用**となります。先生の言葉を紹介することで、「私もそのオモチャを持つべきだ」という主張を裏付けたことになるのです。このように、身近な会話の中でも、子どもたちはしっかりと論理を使っているのです。

論理力のある子どもに育てるためには、子どもが「何かしたい」「これはやだ」と自分の欲求を伝えてきたら、「どうして？」と聞くことが大切です。そうすることで子どもは自分の頭で考え、普段から、筋道を立てて会話する習慣をつけることができるようになります。

筋道の立て方は、言葉の規則（因果関係・引用など）を知ることで簡単に分かるようになりますので、詳しくは第３章でお伝えすることにしましょう。

では、次に、なぜ「筋道を立てる」ことが必要なのかを説明します。

9
相手がどのように感じるか

いいねー！
何を歌ってくれたの？

えっと…曲名忘れちゃったけど演歌だったと思う
へーえ
演歌!?

とにかくすっごく上手で声もキレイで！
うんうん

あ　でもね　先生　前歯が抜けてて
歌ってるときすっごくおもしろいんだよ！

前歯が抜けてるの？

あっ

先生だ！

先生　今ねちょうどパパに先生のこと話してたよ
たかー
はる…
大事なことを言い忘れてるじゃないか…

相手がどのように感じるか

マンガのお父さんのように、他人がいっていることを誤解して受け取ってしまったことはありませんか？　また、「説明したのに、分かってくれない」「子どもに何度いっても伝わらない」という経験はありませんか？

このような場合、たいてい話し手に問題があります。つまり、相手に分かってもらうための努力や工夫ができていないのです。

相手にものごとを伝えるためには**「他者意識」**を持つ必要があります。

他者意識とは、**人と人はそう簡単には分かり合えないという意識**のことです。

では、人と人はどうして簡単に分かり合えないのでしょうか。

それにはきちんとした理由があります。

たとえば、私が百人の聴衆の前で話をしたとしましょう。私という人間はもちろん一人ですが、百人の網膜の中には、それぞれ異なる百人の私の映像が映し出されています。私を見て「優しそう」と思う人もいれば、そうでないと思う人もいるでしょう。

このように私たちは、誰もが自分の価値観でものごとを判断しています。また、人間である以上、そのときの自分の感情や気分なども判断に大きく影響するのです。

だからこそ、一人ひとり違う人間が分かり合うためには、他者意識が必要です。他者意識を持つことで、**相手の立場に立ってものごとを考えることができる**のです。

他者意識は成長するに従って芽生えてくるものです。

まず、幼稚園に入園することで、子どもたちは、初めて他者とコミュニケーションを取ることになります。そこには自分のオモチャを取り上げたり、自分の思いどおりには動いてくれない同年代の他者が存在します。最初のうち子どもたちは、お互いにただケンカして泣いたりするだけですが、やがてそれでは自分の欲求は満たされないと分かり、どうすればよいか考えるようになります。

また、小学校に入学すると、本格的に活字による学習が始まります。そこで、自分の身の周りの世界とは異なる社会や世界のことを学び、様々な知識を身につけます。

そして、実は子どもの他者意識が最も大きく育つのが、思春期前期（十一歳〜十三歳程度）の初恋です。

人を好きになると、その相手は謎めいて見えるものです。相手の気持ちを知りたいと思えば思うほど分からなくなる。このとき、子どもたちは大きな壁にぶつかり、コミュニケーションにおいて頭を悩ませるのです。必死に相手のことを分かろうと努力し、自分のことを分かってもらうために、あれこれ考えをめぐらせます。

この時期は反抗期ともいわれるように、親から自立し始め、孤独を抱え込むようになります。様々なことで反発し、何も話してくれなくなるかもしれません。しかし、他者意識を育て、論理的な思考を身につけるためには、これらは避けては通れないプロセスなのです。

だからこそ、この時期に親があまり過保護になってはいけません。親が子どもに気をつかって、なんでもしてあげるのではなく、きちんとコミュニケーションを取ることが大切です。たとえ家族であっても、お互いに別の肉体を持ち、別の体験を積み重ねている他者同士です。ですから、ちゃんと話さなければ、親にすら自分の考えが理解してもらえないと、分からせる必要があるのです。

他者意識を持つことで、論理力を養うこともできます。なぜなら、**他の人にものごとを正確に伝えたいと思えば、自然と論理的に話す必要が出てくる**からです。

子どもが小学校高学年くらいになったら、何ごとにおいても、きちんと考えさせるようにしましょう。まずは、たとえ親子の間であっても他者意識を持って会話することで、子どもの他者意識が育ち、自立を促す何よりのサポートになるはずです。

10
分かってもらうには
きちんとした
論理が必要

ちょっと！
聞いてるの?!
ハァァァァ
ぐぉ
ギャー
ぐぉー
やめなさーい
？
あら？
ちょっと！
あ！〇〇くんママ！△△くんママ！
ギャー
やめなさいっ
あ！
今△△くんのパンチ ウチの子の顔面に入ったわよ！
〇〇くんが先にぶってたじゃない！
何言ってるのよ！
そっちこそなによ！
ギャー
ギャー
ママたち
なんでケンカしてるの？

?!

もう！あなたたちがケンカしてるからでしょ！
なんでってもー

……？ぼくたちケンカなんてしてないよ！
なんで？

ウソおっしゃい!!!

ぼくたちは○○レンジャーの格好よかったところを
真似してただけだよ!?

ぼくがレッド！
とーう
ぼくブルーー！
シャキーン！
ぼくグリーン

そ そうだったの…？
普段仲良い僕たちがケンカなんてするわけないよ

じゃ 続きやろう
ちょうどいいや！
○○ママはピンク△△ママはイエローママはゴリラ役ね！
ごめんね！
こちらこそ！
わたしだけゴリラ!?

10 分かってもらうにはきちんとした論理が必要

感情的な表現は、時に人の心を打つことがあります。

たとえば私たちは、表情や仕草、音楽や絵画など、自分を表現する様々な手段を持っています。しかし、これらの手段では、相手の「怒り」や「悲しみ」などは理解できたとしても、なぜ怒っているのか、なぜ悲しんでいるのかは正確には分かりません。

そこで私たちは言葉を共通の規則で扱い、なんとかお互いに分かり合おうとするのです。そして、その**言葉の最小限の規則が、論理**なのです。

マンガでは、「自分の子どもがケンカに巻き込まれている」と勘違いしたお母さんたちが、思い込みだけで会話をし、ケンカになってしまう様子が描かれています。子どもたちは「ケンカなんてしてないよ」といいますが、お母さんたちは納得してくれません。

しかし、子どもたちが「ケンカをしていない理由」をきちんと説明すると、お母さんたちは事態を理解し、仲直りすることができました。

つまり、**自分の思いを正確に伝えるためには、論理が必要**なのです。

ある女子校で起こった出来事をお話ししましょう。

ある日、一人の女生徒が感情的になって、教室で泣きわめいていました。そこで、先生がその女生徒を個室に呼んで、じっくり話を聞いたそうです。

その学校では「論理エンジン」という論理力養成のプログラムを導入していたので、先生が、「どうしてそんなに怒っているの？　論理的に話してごらん」と聞くと、女生徒は自分が怒っている理由を論理的に伝えようとあれこれ考え、話し始めました。

女生徒がうまく論理的に話せないところは、先生が「あなたがいいたいことは、こういうことでしょ？」と補ってやると、女生徒は「そうそう」と頷いたそうです。論理的に話しているうちに、女生徒はだんだん冷静になってきて、先ほどまであれほど怒っていたのがばからしく思えてきたそうです。

そのような出来事があってから、女生徒は「あの先生は、自分を分かってくれる」と、その先生を信用するようになりました。

それから一月ほど経って、女生徒の保護者からお礼の電話がかかってきたそうです。「今までうちの子は親とほとんど口をきかなかったけれど、最近はなんでもよく喋ってくれるようになった」というのです。

きっと女生徒の胸の中には様々な感情が渦巻いていたのでしょう。

しかし、それをどのように伝えていいのか分からず、家族にさえ口を閉ざしていたのです。

感情があふれているにもかかわらず分かってもらえないというのは、子どもたちにとって悲しい経験となります。

しかし、混沌とした感情をそのまま人にぶつけても、相手に理解してもらえないのは当然なのです。

混沌とした感情や考えを論理で整理することで、冷静にものごとを考え、それを人に伝えることもできるようになります。分かってもらえるという体験を積み重ねれば、安心して自分の気持ちを人に話せるようになるのです。

子どもたちは、これから多くの人との関わり合いの中で生きていかねばなりません。「分かり合いたい」という思いがあるにもかかわらず、論理が使えないために分かり合えない……そんなことがあったら悲劇だと思いませんか。

ですから、子どもの頃から国語の力を鍛え、論理力を養うことは、将来にとって非常に有効なのです。

論理力のある子どもに育てるためには、親も当然論理的な話し方をする必要があります。たとえば、子どもが悪いことをしたときには、ただ感情的に怒るのではなく、なぜそれがいけないことなのか、筋道を立てて説明するように心がけてください。

また、子どもが何かを欲しがったり、わがままをいったりしたら、必ず「どうして？」と聞いて、子どもに説明させるようにしましょう。論理を使ってきちんと説明しなければ、人には分かってもらえないということを、教える必要があるのです。

国語の学習は、学校や塾だけでするものではありません。**日常生活の中でも、国語力は鍛えていける**ものなのです。

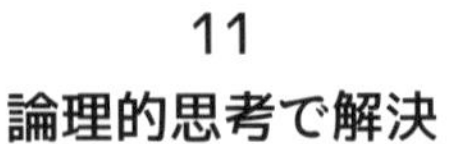

11 論理的思考で解決

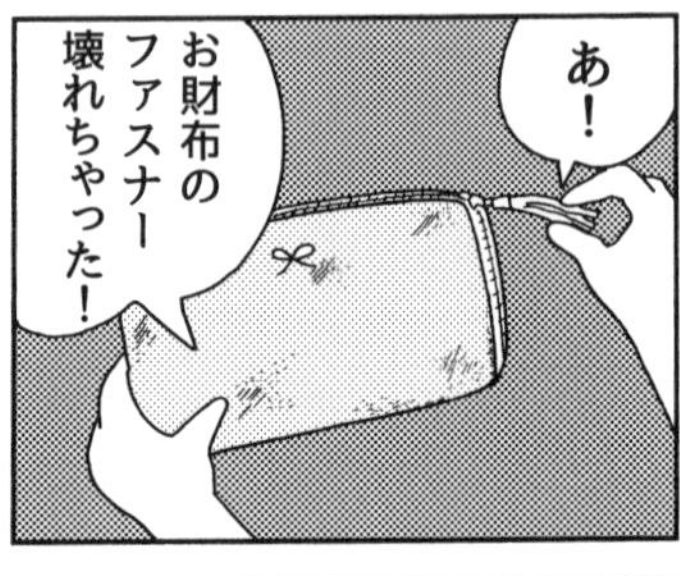
あ！
お財布のファスナー壊れちゃった！

よく見るとこのお財布クタクタね……
……よし！
ボロッ

はるくーんなっちゃーん
お買物行くわよー

アイス買って！
んー帰りね
アイス…♡

お財布発見!!

この花柄のかわいいー♡

なにかお探しですか？
やっぱぼくアイスじゃなくてポテトがいいー

今ご覧になっている
お財布とおそろいの
バッグも
あるんですよ

なんと今
こちらのバッグは
半額なんです！
半額!?

同じ柄で
ストールも
ありますよ

全部欲しいけど
ダメダメ
どれか
1つ！

ねえ
なっちゃん
ねーねー
ポテトでもいいー？
どれが
いいと
思う？

何のために
買うのか
どうして
必要なのか
ママ
ちゃんと
考えてる？

はっ！
お財布壊れ
たんだった！
セーフッ

論理的思考で解決

私たちは、今まで誰も経験したことのない時代に生きています。

一つは、**グローバル化時代**。もう一つは、**電子情報化時代**です。

それぞれお話ししていきましょう。


グローバル化時代とは、簡単にいえば、国家や地域の境界線を越えて、地球が一つの単位になる時代、ということです。

グローバル化することで、海外で活躍する人や、英語が必要になる機会も増えるでしょう。しかし、ほとんどの人は日本の中で、日本語を使って暮らしています。英語が必要になるのは、おそらく海外旅行に行ったときくらいでしょう。

では、私たちがグローバル化を身近に感じるのはどのようなときでしょうか。

それは、世界中のあらゆる情報がパソコンやスマートフォンを通じて入ってくるときです。

マンガでは、ママが店員にバッグやストールを勧められ、お財布を買うという本来の目的を忘れかけてしまいます。そこでなっちゃんが「なんのために買うの？　どうして必要なの？」と目的を思い出させてくれるのです。

グローバル化時代を生きる私たちには、なっちゃんのように**論理的に考える力**が求められます。

つまり、**世界中のありとあらゆる情報から、自分が本当に必要なものを選び、その真偽を確かめ、将来起こる事態を予想し、その対処法を考える力**が求められるのです。

また、グローバル化が進むことで、優秀な労働者が海外から多く入って来るようになります。彼らは私たちと、民族も言語も宗教も慣習もすべて異なります。日本人同士であればなんとなく通じ合うことでも、外国人に通用しないことは多いでしょう。そのような外国人と正確にコミュニケーションを取るためには、筋道を立てて説明する論理力が必要です。

さらに今の時代は、電子情報化時代でもあります。

みなさんは普段メールやブログ、ツイッターやフェイスブックなどを利用していませんか？　私たちが日常で何気なく書いている文章は、電子情報となり、発信されているのです。

電子情報は活字と同じです。どこで誰に見られているのか分かりません。

ツイッターやブログなどに、感情的で下品な文章を投稿している人は、不特定多数の人に読まれていることを考えると、往来を裸で歩いているようなものなのです。


また、文章は会話よりも、はるかに論理力が求められます。

会話は、家族や友人など、特定の人たちの間でなされるもので、表情や身振りなどを取り入れながら、相手の反応を伺うことができます。

一方、一度電子情報として発信された文章は、言葉の力だけで勝負しなければなりません。しかも、読み手は不特定多数の他者なので、論理的でなければ伝わりません。

現代は、過去に類を見ないほど、書くことが重要視される時代です。だからこそ、子どもの頃から、日本語の規則を知り、論理的な文章を書く訓練をするべきなのです。

子どもたちは、小学校、中学校、高等学校へと進むにつれて、たくさんの人たちと関わる機会が増えるでしょう。しかし、親しい間柄の家族や友だちとは、感情語によるコミュニケーションでもある程度通じるため、他者意識を持たず、論理力が養われないまま成長してしまうことがあります。

ところが、社会に出ると、年齢も、立場も、価値観も、何もかもが異なる他者と否応なく関わっていかなければなりません。他者意識を持たない若者が社会へ出たときに、会社や職場に順応できずに、社会から脱落してしまうことになるのです。

これからの時代を生き抜くためには、論理力こそが何よりも必要です。

そしてその論理力は、国語によって鍛えることができるのです。

12
国語力で人生が変わる

まあでも
日本人なら
国語は昔から
勉強してるん
だし…ねえ？
ねー
ねー
ママー

宿題？
まあ♡
この問題
意味が
わかんないん
だけど

百分率の
問題ね
あれ？
はるくん
この前 百分率の
計算テストでいい点
取れてたじゃない

計算は
できるんだけど
この問題
何言ってるん
だかわからない
んだよ

問題文の
意味がわから
ないってこと？
ん
どれ？
ぱたん

うん やっぱり
国語力が
すべてよ！

お兄ちゃんは
読解力が足り
ないのよ
だからまず
国語力を
上げなさい
そうすれば
スラスラ解ける
ようになるから

なっちゃんカッコイイーー
やっぱり
天才だ！

国語力で人生が変わる

国語力で本当に人生が変わるのでしょうか？

ここではっきりと断言しましょう。

必ず、変わります。


国語力とは、論理的な読解力と、漢字、語彙などの言葉の力のことです。

私たちは日本人である以上、生涯にわたって日本語で話をし、日本語で文章を読み、日本語で考え、日本語で文章を書きます。

一部の日本人（たとえば海外に長年住んでいる人など）を除き、英会話ができる人でも、普段は日本語でものを考えているはずです。つまり、大多数の日本人は、言葉を覚えてから死ぬ直前まで、日本語を使い続けているのです。

ですから国語力を鍛えることで、話し方、読み方、文章の書き方だけでなく、思考力、記憶力、そして、コミュニケーション能力も格段とアップするはずです。

では、子どもの国語力を養うために、親が意識してほしいことを二つお話ししましょう。

①子どもの言葉遣いを注意深く観察すること

②子どもと一緒に読書をすること

まず①。

国語力のベースを作る時期は、幼稚園か、小学校に入学する頃くらいからです。前述しましたが、言葉の習得には個人差があります。言葉の発達が遅い子に国語力を身につけさせようと思っても不可能です。

しかし、親が言葉の学習を手助けすることはできます。それは、親が子どもと常にコミュニケーションを取り、子どもの言葉遣いの変化（成長）に注意し続けることです。その変化に気づいたら、親が正しい日本語で子どもに話すことを心がけましょう。難しい単語を使うのではなく、易しい単語を使い、きちんとした文法で話すことが大切です。

小学生の頃から日本語を論理的に使うことを身につけていけば、自然と自分の考えや気持ちを分かりやすく人に伝えることができるようになります。

続いて②。子どもの頃から読書する環境を整えてあげることが大切です。たとえば、幼稚園や小学校低学年の頃には、親が毎日一冊、絵本を読み聞かせてあげるとよいでしょう。また、子どもが成長してきたら、一緒に書店などに行き、子どもが好きな本を買ってあげましょう。そして、読み終わったら、内容や感想を聞いてあげると、子どもの読解力や理解力を養うことにつながります。

学習面においても、国語力は様々な場面で効果を発揮します。

マンガのはるくんは、算数の計算はできますが、問題文の意味が分からないために、正解を導き出すことができません。そこでなっちゃんが「お兄ちゃんは読解力が足りないから、国語力を上げなさい」と指摘します。さすが、なっちゃん。そのとおりです（笑）。

国語力は、すべての教科の土台です。

なぜなら、英語や数学、理科や社会の問題でも、問題文を論理的に読んで、論理的に考え、論理的に答える力が求められるからです。また、どの教科も、学習した内容を論理によって理解・整理することで、記憶しやすくなるだけでなく、自分の頭で考えることができ、自学自習の力もつくようになります。

その結果、応用力も養成され、テストでも高得点を取ることが可能となるのです。

また、**国語には言葉の力を鍛え上げるという重要な役割**があります。言葉の力とは、何も漢字の読み・書きに限ることではありません。詳細は第４章に任せますが、言葉を知らなければ、言葉でものを考えることも、言葉で何かを伝えることもできません。

たとえば、国語力のない子どもに詩を読ませて、感想を聞いてみると、たいていは「好き」「嫌い」「明るい」「暗い」「ビミョー」などの言葉が返ってきます。つまり、どんな素晴らしい作品を読ませたところで、結局は好きか嫌いか、プラスかマイナスかで分類され、そこで終わってしまいます。

しかし、国語によって言葉の力を身につけた子どもは、豊富な語彙力に比例して、様々な角度からものごとを見たり、微妙で繊細な心のありようを感じたりすることができるようになります。その結果、詩や文学作品を読んでも、単に好きか嫌いかに留まるのではなく、様々な価値観や人の心の奥底にあるものを理解できる、深みのある人間に育っていくのです。

やはり、国語力が人生を変えるといっても、過言ではありません。

第3章

三つの論理とは

国語力とは、前述したように、論理的な読解力と、漢字・語彙などの言葉の力との総合力のことです。そして、もっと簡単にいえば、**ものごとの筋道を立てたり、それを理解したりする力**といえます。

国語の問題として出題される文章を書いている筆者は、誰か分からない読み手に対して、自分の主張を述べなければいけません。ですから、誰が読んでも分かるように、筋道を立てて論理的に文章を書く必要があります。すなわち、国語で求められる**論理的な読解力とは、筆者の立てた筋道をありのままに読んでいく力**です。

では、まずは次の五つの文章を読み、この後に続く文章を想像してみてください。

①私は本が好きだ。なぜなら……
②私は本が好きだ。だから……
③私は本が好きだ。つまり……
④私は本が好きだ。たとえば……
⑤私は本が好きだ。それに対して……

「私は本が好きだ」の後に続く、「なぜなら」「つまり」などの言葉は**接続語**です。**接続語は、文と文との論理的関係**です。つまり、接続語を見るだけで、私たちはその次にどんな話がくるのかを予想できるのです。

①私は本が好きだ。なぜなら、本は色々なことを教えてくれるからだ。

②私は本が好きだ。だから、本をたくさん読む。

③私は本が好きだ。つまり、読書家である。

④私は本が好きだ。たとえば、夏目漱石や森鷗外などが大好きである。

⑤私は本が好きだ。それに対して、母は本を読まない。

後に続く内容は、このようなことを想像したのではないでしょうか？　自分の予想どおりに話が進んでいくこと、それが正しい論理を使えているということなのです。

本書では小学生のうちに習得すべき論理を、次の三つに絞りました。

A「因果関係・理由づけ」、**B「イコールの関係」**、**C「対立関係」**

この三つを習得するだけで、読解問題や記述問題がすらすら解けるだけでなく、その子の将来に役立つ強い武器になるとお約束しましょう。

A 因果関係・理由づけ

■因果関係

因果関係と理由づけは、セットで覚えておくととても便利です。まずは因果関係から説明しましょう。

因果関係とは、「原因」と「結果」の関係です。因果関係を示す接続語には**「だから」「したがって」「そこで」**などがあります。

では、分かりやすいように、簡単な例をあげましょう。

例 私は一生懸命勉強をした。

この文章だけでは、勉強をしたことは分かりますが、それがどうなったのかは分かりません。では、次の文章はどうでしょうか。

例 私は一生懸命勉強をした。だから……。

「だから」の後に続く文章が分からなくても、この後に続く内容は、勉強をしたことによる結果がくると予想できるはずです。

例 私は一生懸命勉強した。**だから**、私は成績が上がった。

a（原因）	↓	b（結果）

因果関係を表す「だから」「したがって」「そこで」という接続語によって、一生懸命勉強した結果がどうなったのかを、私たちは知ることができるのです。

つまり、**因果関係を表す接続語が文中に出てきた際には、その前に必ず原因となる事柄が書かれており、その後には結果となる事柄が書かれている**のです。

a（原因）	**だから**	b（結果）

まずは、文と文の関係性を意識して文章を読むことを心がけましょう。そうすることで、文章の読み方・問題の解き方は、大きく変わってくるはずです。

■理由づけ

因果関係と似たような論理に、理由づけがあります。

特に英語では主張に対して理由づけを加える場合がほとんどなので、子どもが将来英語を学習する際にも、理由づけの論理はとても役に立つはずです。

理由づけは、先ほどの因果関係とは逆です。つまり、先に結果を書き、その後に「理由（原因）」を説明する論理です。

理由づけを表す接続語は、「なぜなら～からだ」「というのは～からだ」といったものがあります。

例1 私は成績が上がった。**なぜなら、**一生懸命勉強した**から**だ。

b（結果）

↓

a（理由・原因）

例2 たくさん笑った**のは**、面白い話を聞いた**から**だ。

b（結果）
↓
a（理由・原因）

例2は、難しく感じられたかもしれませんが、実際の文中では接続語が分かりやすく書かれていない場合が多いものです。文章を読むときには、接続語だけに注目するのではなく、文と文の関係をよく考えるようにしてください。

b（結果）　**なぜなら**　a（理由・原因）

では、以下の文章を読んで、因果関係と理由づけのどちらなのかを当ててみてください。

①カレーが好きなので、残さずに食べた。
②残さず食べたのは、カレーが好きだからだ。

お分かりいただけたでしょうか？　①が因果関係、②が理由づけです。

「因果関係」は、接続語の前に理由がきているのに対して、理由づけは、後に理由がきていますね。

因果関係	**a（原因）**	**だから**	**b（結果）**
理由づけ	**b（結果）**	**なぜなら**	**a（理由・原因）**

■なぜ因果関係・理由づけが必要なのか

因果関係や理由づけがない話し方や文章は、意図が正しく伝わらないだけでなく、人を説得することができません。たとえば、頭に思い浮かぶままに話をする人のいいたいことはよく分かりませんし、羅列形の文章は脈略がなく、読み手に自分の主張を伝えることができません。

それはなぜかというと、一つひとつの話がバラバラでつながりがなく、その話と話の間に因果関係が成り立っていなかったり、ただ自分の主張を提示しているだけで、それに対して理由づけがなされたりしていないからなのです。

例 私は一生懸命勉強をした。成績が上がった。

これだけでは、バラバラな文章ですが、「だから」を入れるだけで、文章と文章につながりが生まれるのです。

文章と文章をつなげ、整理すること。これが因果関係・理由づけの役割なのです。

たとえば「国語は論理力が必要な教科だ」と主張したいとします。しかし、多くの人が「国語はセンス・感覚の教科だ」と考えています。その場合、反対意見の人が納得できるように、主張に対して理由づけを行わなければなりません。

主張

「国語は論理力が必要な教科だ」

理由づけ
「筆者が不特定多数の読者に向けて、論理的に文章を書いているから」

因果関係を使うと次のようになります。

因果関係
筆者が不特定多数の読者に向けて、論理的に文章を書いている。
←だから
国語は論理力が必要な教科だ。

「国語は論理力が必要な教科だ」といくら主張したところで、誰も納得してくれないかもしれません。だからこそ、自分の主張を伝えるためには、論理的に説明することが必要なのです。

■国語の試験ではどう出題されるか

因果関係や理由づけは非常に重要な論理の規則なので、国語の試験では、様々な形で出題されます。たとえば、次のような空所に接続語を入れる問題では、文と文との論理的関係を読み解く力が試されています。

例（　）に入る適当なものを、次のア〜エから一つ選びなさい。

今日は朝から雨だった。（　）運動会は中止になった。

ア　なぜなら　イ　つまり　ウ　だから　エ　しかし

今日は朝から雨だった。

運動会は中止になった。

この二つの文章のつながりを考えてみましょう。朝から雨だった（原因）。だから、運動会は中止になった（結果）のです。したがって、答えはウとなります。

そして、因果関係や理由づけで最も出題頻度が高い形式は、傍線部の理由説明問題です。この問題は中学入試から高校入試に至るまで、現代文の設問では必ず出題されるといっていいでしょう。

「～は、なぜなのか答えなさい」という設問に対して、たいていの子どもは自分で勝手に答えを考えてしまいます。そのため、なかなか正解を導き出せず、難しいと感じてしまうのです。

しかし、実は**国語は、答えがすべて問題文中に書いてあります**。そして、ほとんどの場合、問題文中のどこに隠されているのかも分かるのです。

たとえば、文中に「なぜなら」とあれば、その後にくるのは理由だと分かります。ところが、これでは誰もが簡単に解けてしまうので、試験でよく出題されるのは、「だから」「したがって」「そこで」などの接続語です。これらの因果関係を表す言葉の前には理由・原因がくるのでしたね。

例 私は一生懸命勉強した。だから、成績が上がった。
問 傍線部「成績が上がった」とあるが、その理由を答えよ。
答 一生懸命勉強したから。

「なぜなら」の後に理由がくることは知っていても、「だから」「したがって」の前に理由がくることは、ほとんどの子どもたちは知りません。しかし、こうした言葉の規則を利用すれば、誰でも確実に正解を見つけ出すことができるのです。

また、子どもたちが頭を悩ませる記述問題も、因果関係・理由づけを理解するだけでスラスラ解けるようになるのです。

特に今後の入試はマークセンス方式よりも、記述式重視の傾向があり、二〇二〇年の大学入試改革でも、記述式重視が謳われています。小学生のうちから、論理を意識して文章を読み解く訓練をしていれば、記述問題も簡単にクリアできるはずです。

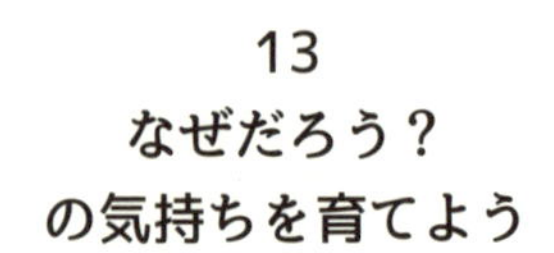
13
なぜだろう？
の気持ちを育てよう

なんで
シンデレラの
靴は脱げちゃ
ったの
かしら
シンデレラ

そうだな…
よく考えてみると
ピッタリサイズの
はずなのに
なんで脱げ
ちゃったの
かな？
でしょ

パパ
なんで
かな？

え？
シンデレラの
靴……？
……
……
うーん
なんでかな

ちょっと
おいで

はるくんと
なっちゃんの
靴を見て
ごらん

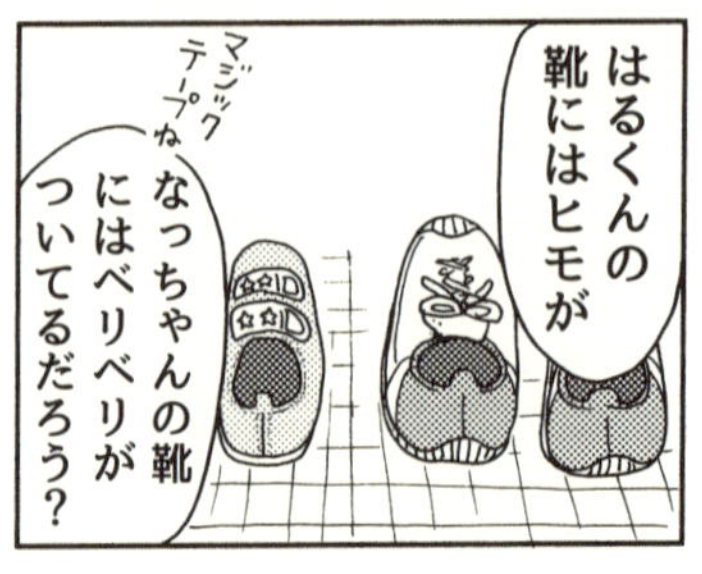
はるくんの
靴にはヒモが
マジックテープね
なっちゃんの靴
にはベリベリが
ついてるだろう？

シンデレラの靴には これがついていなかったから脱げちゃったんじゃないかな
なるほど――

あ でも
なんで?
パパの靴には何もついてないけどなんで脱げないの?

パパの靴はシンデレラの靴より深くスッポリ足が入るから脱げないよ
ちょっとクセー

現代の靴は脱げないように作られてるんだよ
ママー パパの靴クッセー

あ!
ママのこの靴シンデレラの靴と似てるよなんで脱げないの?

……
ママは足が太いから脱げないんだ

よっ
バシッ
なんで怒ってるの――
なんで足太いの?

13

なぜだろう？の気持ちを育てよう

「因果関係・理由づけ」の力を育てる方法があります。

それは、**子どもの「なぜ？」を大事にすること**です。


ものごとにはたいてい、理由があります。

子どもが「嫌だ」といったときには、嫌だと思う理由があるはずなのです。親がなんでもくみ取るのではなく、子どもに説明をさせてあげてほしいのです。

また、「オモチャが欲しい」「マンガが欲しい」「ゲームが欲しい」などといった子どもの要求に対しても、ただ無条件でそれを叶えてやるのではなく、「なぜ？」「どうしてそれが必要なの？」「優先順位は？」「その代わり何か約束できる？」と、子どもに問いかけてみてください。そうすることで、何か主張するときには、その理由も一緒にいわなければ、相手が納得してくれないと徐々に理解していきます。このような会話を習慣的に行うことで、「因果関係・理由づけ」の力を養うことができるのです。

マンガでは、なっちゃんとはるくんが「なんで？」とパパを質問攻めにしています。こういうとき、大人たちは「屁理屈をいわないの」「いちいちつまらないことを聞かないで」といった言葉で片付けてしまうことがよくあります。

しかし、実は**子どもの「なぜ？」が出てきたときこそ、論理的思考を養うチャンス**なのです。

「なぜ？」と子どもが問い始めたら、「本当ね。どうしてかしらね」と一緒に考える姿勢を見せてください。子どもは自分の質問に親が興味を抱いたと分かると、おそらく興奮して色々と喋り出すはずです。たとえ、どんな馬鹿げたことでも頭ごなしに否定するのではなく、いったん一緒に考えてあげることが大切です。

そして、考えても分からないことは、子どもと一緒に辞書などで調べましょう。この時期にしっかりとコミュニケーションを取っていれば、やがて子どもが思春期を迎えたときにも、なんでも親に相談するようになります。子どもの「なぜ？」を一緒に考えることは、子どもの論理力を養うだけでなく、信頼関係を築くための絶好のチャンスでもあるのです。

夏目漱石門下で、明治から昭和にかけて日本トップレベルの物理学者であった寺田寅彦は、科学者になるための素養として、子どものときからなんでも不思議がることの重要性を説いています。

「どうしてお化けには足がないの？」
「どうしてお星様は空から落っこちてこないの？」
「どうして動物はお話できないの？」

など、子どもの「なぜ？」は大人でも答えられない、本質を突いたものが多いのです。そのときに、面倒がったり、分かったふりをせずに、一緒に考えたり、調べたりすることが、子どもの好奇心や探究心を刺激します。そして、それがやがて子どもの勉強への関心につながっていくのです。

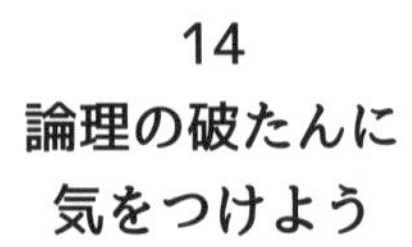
14
論理の破たんに
気をつけよう

担任の先生が先生になれたのは
つまり昔たくさん勉強したってことだよね？

ね？

いつもなんでも感覚的なはるくんがしっかり論理的に話している…

そうね先生はたくさん勉強したはずね
やっぱり？

やっぱりそうだよなー

あ待ってはるくん
ん？

はるくんは学校の先生になりたいの？
うーん

ちょっといいなと思ったけど
たくさん勉強するのイヤだからやめた

そんなに勉強は嫌い？
うん

嫌いじゃないときもあるよね？
ない

でもたまーーーーには嫌いじゃないときもあるよね？
うーん

あ！
テストで良い点取れたときはうれしいかな

なーんだはるくん♡勉強が楽しいんじゃない！
え？楽しい？？

楽しいことをするのが一番！
さ 勉強 勉強！！
そして楽しくなろう

論理の破たんに気をつけよう

じつは、人は論理的に話しているつもりでも、論理が破たんしていることが多々あります。因果関係・理由づけの論理は、間違っていることに気づきにくいので、論理が破たんしていないかきちんと確認してから使いましょう。

それでは、マンガのはるくんと担任の先生の論理を紐解いてみましょう。

ママの論理❶

先生は昔たくさん勉強した　↓　（だから）学校の先生になれた

はるくんの論理❶

勉強するのがイヤだ　↓　（だから）学校の先生になるのはやめた

ここまではどちらも幼稚ではあるけれど、一応論理は成り立っているのです。
問題は次の論理です。

ママの論理❷
テストで良い点が取れたらうれしい　↓（だから）勉強が楽しい

誰もが「あれ？」と思ったのではないでしょうか。
ここで間違った論理を使っていないか確かめる方法があります。
因果関係と理由づけの論理を思い出してください。次のような関係性がありましたね。

因果関係	**a（原因）**	**だから**	**b（結果）**
理由づけ	**b（結果）**	**なぜなら**	**a（理由・原因）**

つまり、a（原因）とb（結果）を入れ替えることで、論理が正しいかどうか、判断することができるのです。

では、先ほどの、因果関係・理由づけを使って検証してみましょう。

ママの論理❶

○ 先生は昔たくさん勉強した　↓（だから）学校の先生になれた

○ 学校の先生になれた　↓（なぜなら）先生は昔たくさん勉強したからだ

はるくんの論理❶

○ 勉強するのがイヤだ　↓（だから）学校の先生になるのはやめた

○ 学校の先生になるのはやめた　↓（なぜなら）勉強するのがイヤだからだ

ここまでは論理は成り立っていますね。では、最後の論理はどうでしょうか？

ママの論理❷

×　テストで良い点が取れたらうれしい　↓（だから）勉強が楽しい

×　勉強が楽しい　↓（なぜなら）テストで良い点が取れたらうれしいからだ

「テストで良い点が取れたらうれしい」のは、先生や親に褒められたり、時にはご褒美がもらえたりするからであって、そのことは必ずしも勉強すること自体の楽しさにはつながりません。

また、入れ替えた文章ですが、勉強が楽しい理由が「テストで良い点が取れたらうれしいから」だとすると、文と文のつながりが消えたように感じるはずです。なぜなら、論理が正しく使えておらず、ここには論点のすり替えがあるからです。

この論理で正しいのかな……と思ったときには、文字を入れ替えてみることで間違いのない論理を使うことができるのです。

B イコールの関係

■イコールの関係とは？

では、三つの論理の二つ目「イコールの関係」について説明しましょう。
たとえば、算数や数学では、イコールの関係が必ず登場します。

① $2X+12=18$
② $2X=6$
③ $X=3$

①も②も③も「イコールの関係」で結ばれているので、式の形が変わっているだけで、結局同じことを表しています。算数や数学の場合、一箇所でも「イコールの関係」が成立しなければ、間違いとなります。

つまり、**「イコールの関係」という規則に従っていれば、論理的である**といえるのです。

では、国語の場合はどうなるのでしょうか？　有名な万有引力の法則を例にあげてみましょう。

①すべての物と物とは引っぱり合っている

＝

②りんごと地面は引っぱり合っている

＝

③りんごは地面に落ちる

これらはすべて「イコールの関係」でつながれています。つまり、①と②と③は表現を変えているだけで同じことをいっているので、論理的に正しい文章といえます。

ここで注意してほしいことがあります。それは、①「すべての物と物とは引っぱり合っている」は抽象的な事柄で、②「りんごと地面は引っぱり合っている」は具体的な事柄だということです。

抽象とは、個々バラバラなものからその共通点を抜き取ることです。

たとえば、きつね・たぬき・ライオン・ウサギの共通点は「動物」です。これは抽象的な言葉です。逆にいうと、「動物」に対して、きつね・たぬき・ライオン・ウサギをあげた場合、これは具体的だといえるのです。

「イコールの関係」を示す接続語には、「つまり」「すなわち」と「たとえば」などがあります。

「つまり」「すなわち」は前の内容をまとめたり、言い換えたりします。

それに対して、「たとえば」は具体例をあげるときに用います。

「つまり」「すなわち」……前の内容をまとめる。または、言い換える。

例 きつね・たぬき・ライオン・ウサギ、**すなわち**動物。

具体（A′）	＝	抽象（A）

「たとえば」……具体例をあげる。

例　動物、**たとえば、**きつね・たぬき・ライオン・ウサギ。

抽象（A）　＝　具体（A´）

国語の文章は、必ずこの抽象（A）と具体（A´）との間を行き来します。つまり、筆者は抽象的な自分の主張を読者に分かってもらうために、主張の証拠となる具体例をあげて説明するのです。

国語の文章を読むときには、「つまり」「すなわち」「たとえば」などの接続語に注目して文章を読みましょう。そうすることで、表現は変わっていても、文章と文章はイコールの関係で結ばれていることが分かるのです。

■**なぜイコールの関係が必要なのか**

前述したように、活字になった文章は、筆者が自分の伝えたいことを誰か分からない読み手に向けて書いたものです。

たとえば、筆者の主張を「A」としましょう。しかし、筆者が「A」と思っていても、不特定多数の読者が「A」と思っているとは限りません。ですから筆者は「A」を裏付ける証拠として、具体例をあげるのです。

人は自分の身近に感じられるものほど、より関心を抱くものです。「世界中で戦争のために子どもが死んでいる」といわれたら、誰もが悲しいと思うでしょう。しかし、それを自分のことのように切実に受け取ることは難しいのではないでしょうか？　一方で「自分の子どもが今ケガをした」という状況なら、居ても立ってもいられない気持ちになるはずです。具体的で身近な事例であればあるほど、心に響くものなのです。

ですから、筆者は自分の抽象的な主張「A」を人に伝えるために、それを裏付ける具体例「A´」を持ち出します。そのとき、筆者の主張と具体例との間には「イコールの関係」が成り立っています。

A筆者の主張（抽象）
＝
A´具体例（具体）

筆者は自分の主張を誰だか分からない読者に伝えるために、読者がなるほどと思う身近な具体例を持ち出すのです。このように主張（抽象）と具体例（具体）を繰り返していくのが、国語における「イコールの関係」なのです。

■文章の読み方が変化する

「イコールの関係」を意識することによって、文章の読み方が激変します。頭の使い方が変わり、成績もかなりアップするはずです。

おそらくたいていの子どもたちは、国語の問題文を好き勝手に読んでいるのではないでしょうか？　その結果、情報が整理されることなく入ってきて、頭の中はいつもごちゃごちゃしたままなのです。

国語では、すべての答え、根拠が問題文中にあります。

つまり、設問を解くときには、問題文中から必要な情報を取り出して答えればよいのです。問題文をなんとなく読んでいる状態というのは、乱雑に散らかった引き出しの中から、重要な書類を取り出すのに苦労しているようなものなのです。

文章は「要点となる箇所」とそれを説明する「飾りの箇所」とでできています。筆者の主張が要点で、それを裏付ける具体例などは飾りの文章です。そして、前述したように、筆者の主張と具体例などは「イコールの関係」でできています。ですから、一つが分かれば、すべてが同じことの繰り返しだと分かります。

A（主張）＝A′（具体例①）＝A′（具体例②）＝A′（具体例③）

この規則が分かれば、面白いように文章が整理されて頭に入っていきます。

筆者の主張さえつかめれば、あとの文章は、その主張をより分かりやすくするための繰り返しにすぎません。このように、**「イコールの関係」を意識するだけで、文章の読み方、設問の解き方が変わるだけでなく、頭の使い方まで変わっていく**のです。

そして、この論理的な頭の使い方は、大学受験や、将来社会に出てからも必ず役に立ちますので、なるべく早い時期に習得しておくべきでしょう。

■実際のテストではどのように隠れているのか

文章を論理的に読む際に必要な「イコールの関係」は、国語の設問中に、様々な形で登場します。

まず、接続語を入れる問題です。

ほとんどの子どもたちはこの問題を感覚で解いてしまうのですが、これでは合ったり間違ったりの繰り返しをするだけです。文と文がどのような論理関係にあるのかを考える姿勢が重要です。

例 （　）に入るものを次のア～エから選び、記号で答えなさい。

①彼はスポーツが好きだ。（　）テニスなどだ。

②彼は社長である。（　）会社の最高責任者だ。

アたとえば　イしかし　ウさて　エつまり

①は、問題なく解けた人が多いのではないでしょうか。スポーツが好きだという主張の後に、テニスという具体的な内容がきている関係から、ア「たとえば」が答え。

②は、「社長」＝「会社の最高責任者」なので、言い換えで、エ「つまり」が答え。

「たとえば」は具体例をあげるときに用い、「つまり」「すなわち」は前の内容をまとめたり、言い換えたりするときに用いるのでしたね。

そして「イコールの関係」は、接続語の問題だけでなく、空所問題や傍線部の説明問題を解くときにも力を発揮します。

空所の前に「たとえば」とあれば、前の文の具体例が入るし、「つまり」とあれば、前の内容をまとめたり、言い換えた文章が入ったりすると分かります。また、傍線部を説明せよという問題で、その前に「つまり」があれば、前の内容を要約すればいいと分かります。

子どもたちは自分の感覚やフィーリングで国語の問題を解きがちですが、論理という日本語の規則を使って普段から考える訓練をすれば、安定して高得点を取ることができるようになります。

また、子どもがとりとめのない具体例ばかり話しているときには、「つまりどういうこと？」といって、話を要約させてみましょう。そうすることで、頭を整理して論理的に話す習慣が身につくはずです。

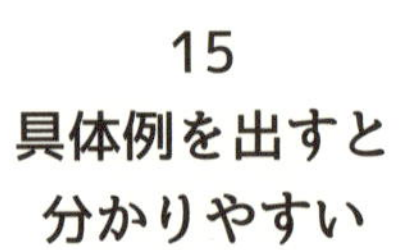

15 具体例を出すと分かりやすい

アインシュタイン…!!

天才とは
努力する凡人のこと
である

具体例を出すと分かりやすい

「イコールの関係」で抽象的なことを説明する方法として、前述した「具体例」のほかに「体験・引用」があります。

■**具体例**

具体例は最も分かりやすいイコールの関係です。

前述したように、「動物、たとえば、きつね・たぬき……」という具体例のことです。文章を読んでいると、抽象的な事柄から具体的な事柄に移ったり、逆に具体的な事柄が述べられた後、抽象的な主張が述べられたりすることがあります。

■**体験・引用**

マンガではパパが、「天才は、誰よりも勉強している」と主張しています。しかし、この主張は抽象的なものなので、これをはるくんに分かってもらうために、パパは野口英世やアインシュタインの言葉を持ち出しました。これが**「引用」**です。

はるくんからすれば、身近な存在であるパパの言葉だけでは納得できなかったはずですが、野口英世やアインシュタインの言葉を持ち出されたので、思わずなるほどと納得したわけです。

このように、引用を自在に使いこなせれば、自分の主張をより人に分かりやすく伝えることができるようになります。

この場合、はるくんが、野口英世やアインシュタインの言葉を聞いて納得したのは、彼らを伝記などで知っていたからです。もし聞いたこともない人の言葉であれば、はるくんは納得しなかったでしょう。引用する際には、相手にとって分かりやすい内容である必要があります。

たとえば、国語の文章の中で、夏目漱石などの難しい文章があげられている場合、表現が異なっているだけで、その引用箇所は筆者の主張と同じ内容だとわかります。たとえ引用された文章が難解でも、結局は筆者の主張と同じことを述べているので、理解できなくてもその内容は推測できるのです。

つまり、筆者の主張（A）と引用（A´）も「イコールの関係」なのです。「イコールの関係」を意識して引用された部分を読むと、面白いように文章が明確に分かるようになります。

引用される文章は、夏目漱石やソクラテスなどの難解な文章とは限りません。ことわざや故事なども引用ですし、子どもがいう「先生もこういっていたよ」もある意味では引用なのです。日常的に使っている論理をもう一度意識し、文章を読む際にも活用してください。

また、引用だけでなく**「体験」**も、イコールの関係を作る大事な要素です。体験とは、自分の身近なエピソードや人から聞いた話を持ち出すことで、これらも自分の主張したいことを裏付ける身近な例の一つです。

たとえば子どもが、

「今日の学校は楽しかった」

このようにいったとき「どんな風に？」と聞いて、例をあげさせてみてください。

「今日の学校は楽しかった。たとえば、先生が冗談をいったり、田中くんが外で遊ぼうと誘ってくれたり、音楽の授業で新しい歌を習ったのが楽しかった」

このように、後に続く例が、「今日の学校は楽しかった」の具体例になっていれば、イコールの関係は成り立っているので、成功です。

日常会話レベルでも、このように具体例をあげることで、いいたいことがより相手に明確に伝わるという体験をさせてあげるようにしてください。

A（筆者の主張）
＝
A´（具体例・体験・引用）

この図式を意識することで、読解力だけでなく書く力もグンと上がります。

たとえば、子どもたちが苦戦する作文などでも、主張の後に、たとえば……と体験や具体例をあげるだけで、文章の印象は格段に良くなるはずです。

「家族で水族館に行った。変わった魚がいた。とても楽しかった」

「家族で水族館に行った。そこにはサメやマンボウ、ウツボなど、たくさんの変わった魚がいた。大きな水そうを見たり、ペンギンのショーを見たり、とても楽しかった」

後の文章では、変わった魚の具体例として、サメやマンボウ、ウツボなどをあげ、楽しかった体験として、ペンギンのショーをあげています。

前の文章よりも後の文章の方が、何がどう楽しかったのか伝わりますよね。

まずは、子どもとの日常会話の中で「どんな風に？」「具体的にどんなことがあったの？」などの問いかけをして、論理力を鍛えるサポートをしてあげてください。

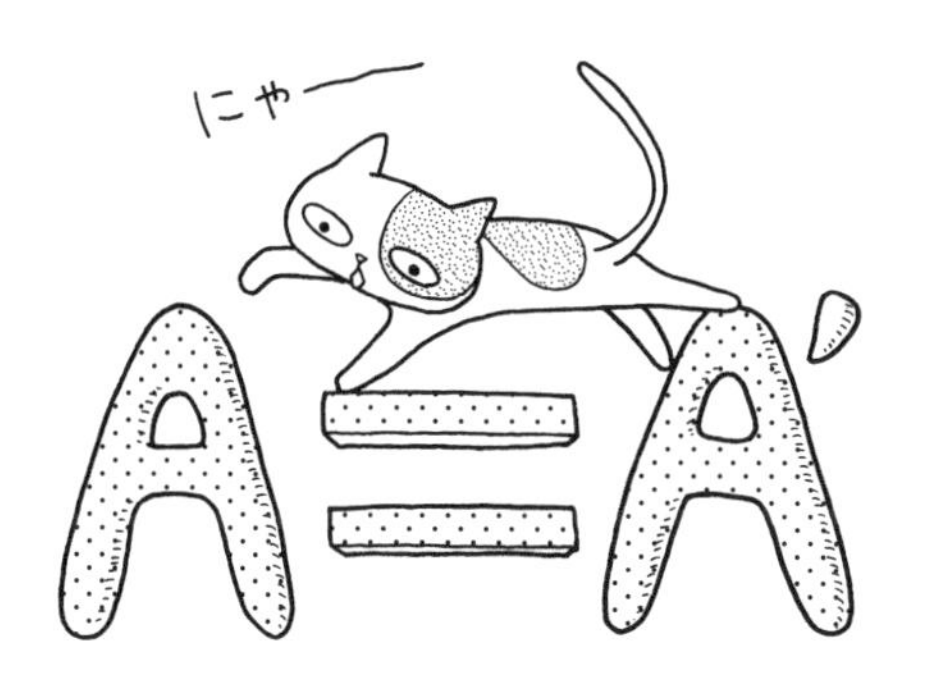

16
比喩

きみは まるで 花のように 可憐で
夜空に 輝く星 よりも 美しい

愛してる
わたしも

あんな風に
言われて みたいわぁぁぁ♡

ねえ みんな ちょっと!

ママのこと
ほめてみて♡

え… なんで?
ママも モーモー 牛乳 飲む?

はやく
ん————と

声が大きいよね
ママの作るカレーは絶品だよ
髪の毛結ってくれるの上手

自転車こぐの速いよね
自転車のカゴに大量の荷物乗せる技もスゲーよ
そうじゃなくて…

見た目よ み・た・め！
花のように可憐だとか いろいろあるでしょ

え――――っと、

え――と
ごくっ
ごくっ

ママは牛乳のようだよ
モーモー牛乳！

ガーーン
え!?
モー

牛…
色が白いってことだよ
ママのお肌白くてキレイ
牛は言い過ぎだろ
はっはっは

16 比喩

小学生のうちは、伝えたいことは自分の気持ちであったり、その時々の考えであったりするので、それほど抽象的な内容ではありません。

ところが、教科書などに掲載されている文章の、筆者の主張は当然多くの人に伝えるものなので、自ずと抽象的になります。たとえば、「子どもにとって国語力はいかに大切か」という主張は、多くの人に伝える価値のある主張ですが、抽象的ですよね。

そこで、筆者はその抽象的な意見を読者に分かりやすく説明しようと、身近な例や自分の体験を紹介するのでしたね。

そうした文章を論理に着目して読んでいくうちに、子どもは徐々に自分の周囲だけでなく、より広い世界に関心を抱き始めるのです。

真の学習は、単に知識を詰め込むことではなく、世界の捉え方を変えていくことなのです。

そして、「比喩」も、相手に分かりやすく伝えるために用いられる「イコールの関係」の一つです。

抽象的なものはなかなか実感しにくいので、「理屈は分かるけれど、なんだかピンとこない」と思う人が多いと思います。

そこで抽象的なものを、いったん具体的な、身近なものに置き換えます。それを「たとえる」といいますが、その結果、分かりにくいものであっても、実感を持って分かるようになるのです。

比喩は「たとえるなら……」や「まるで」「〜みたいな」「〜のような」などという言葉で表されます。そして、比喩にはたった一つ、大切な規則があります。

それは、**たとえるものと、たとえられるものとの間に共通点が必要だということ**です。

例　彼女の頬はリンゴのようだ。

この場合、彼女の燃えるような真っ赤な頬と、赤いリンゴとは、「赤い」という共通点があるので、私たちはリンゴのような赤い頬をした女性を、ありありと思い浮かべることができます。

ところが、次の文章はどうでしょうか?

例 彼女の頬は消しゴムのようだった。

これでは彼女の頬と消しゴムとの間になんの共通点も見出すことができず、私たちは途方に暮れてしまいます。もちろん比喩は成立していません。

マンガのはるくんは、ママのことを牛乳にたとえました。しかし、それに対してママはショックを受けてしまいます。それは、牛乳から思わず牛を連想し、おそらく自分と牛との体型を共通のものとして認識してしまったからでしょう。

比喩のたった一つの規則は、共通点を捉えることでした。はるくんが牛乳といったのは、ママの肌の白さと牛乳の白さが共通だと感じたからなのですが、このような勘違いを防ぐためにも、もう少し共通項を認識しやすいものにたとえる方がいいのです。

また、比喩は、「〜みたいな」「〜のような」という言葉を省略することで、**「隠喩」**へと姿を変えることができます。この隠喩はメタファーと呼ばれ、国語の試験では最も出題されるものの一つです。

例 次の文を分かりやすく説明しなさい。
彼女の瞳はダイヤモンドだ。

彼女の瞳が本物のダイヤモンドなわけではありませんよね。ですからこの場合も、彼女の瞳とダイヤモンドとの共通点を考えればいいのです。

共通点は「きらきらと輝いている」ことですね。そこで、答えは「彼女の瞳はダイヤモンドのようにきらきらと輝いていること」とすればいいのです。

このような**比喩が分かると、国語の問題が解けるようになるだけではなく、豊かな感受性も養うことができます。**たとえば、悲しいときに、

「私は悲しい」

このような表現しかできなければ、他の人にあなたの悲しみは伝わりません。なぜなら、「悲しい」という言葉は世界中の人々の共通の気持ちを述べただけで、たった一つしかないそのときの自分の気持ちを伝えてくれるわけではないからです。この世界に自分と同じ人間が存在しないように、自分の悲しみも、世界でたった一つだけのものなのです。どんなふうに悲しく、どれほどに打ちひしがれ、どのように感じているのか。比喩を使うことで、自分の気持ちにぴったりのものにたとえることもできるでしょう。

ここまで説明してきたように、比喩は決して、特別で難解なものではありません。感受性の豊かな子どもに育てるためにも、日常の会話の中で、「たとえばどんな風に？」という問いかけをしてあげてほしいのです。

子どもは感受性が鋭いので、面白がって次々と思わぬものを持ち出してくるはずです。なるほど、といったたとえ方や、ユニークな比喩を子どもが考え出したら、親も一緒になって面白がればいいのです。

そうした何気ない日常の訓練から、子どもたちの感性はしだいに磨かれ、論理的な言葉の使い方になじんでくるのです。

C 対立関係

■対立関係とは？

では、三つの論理の最後「対立関係」について説明しましょう。

自分がいいたいこととは正反対のことを述べるのが「対立関係」です。

「イコールの関係」では、筆者が「A」という主張を不特定多数の読者に伝えるために、具体例をあげたり、それを裏付けるために誰かの言葉を引用したりと、主張「A」が形を変えて繰り返されました。

それに対して「対立関係」では、筆者の主張「A」を不特定多数の読者に伝えるために、**正反対の主張「B」を持ち出します。**

たとえば「男」という言葉は、「女」という言葉が前提となって生まれた言葉です。もし、「女」という言葉がなければ、「男」という言葉など必要ありません。「人」で十分なわけです。

その他にも「空と大地」「右と左」「正義と悪」など、私たちは、あらゆる外界の情報を「対立関係」を使って整理し、その上で初めてものを考えたり、感じたりしているのです。

■なぜ「対立関係」が必要なのか

人間は、何かを伝えるときに必ず言葉を使います。

言葉がなければ、何も考えることはできません。ですから、**「イコールの関係」「対立関係」などの論理的な言葉の規則を、子どもの頃から習熟できるかどうかが、その子どもの将来を大きく左右する**といえるのです。

たとえば、犬や猫は自分が死ぬことを知りません。もちろん、犬や猫でも人間と同じように確実に死を迎えます。しかし、「死」という言葉を持たないため、それを認識することができないのです。

人間だけが「死」という言葉を持ち、自分が死ぬことを自覚しています。だからこそ、正反対にある「生」を認識できるのです。死があるからこそ、時間を意識するし、青春の輝きや、移ろいやすさを感じることができるのです。

このように、私たちはあらゆるものを「対立関係」を使って考えています。

子どもの頃から「対立関係」を意識して使うことで、世界を整理でき、「考える力」が養われるのです。

■実際のテストではどのように隠れている？

「対立関係」は、当然国語の試験では必ずといっていいほど出題されます。

そして、**「対立関係」で最も用いられるのが「対比」という論理パターン**です。

「対比」では、筆者は主張「A」を読者に伝えるために、対立する主張「B」を持ち出します。しかしあくまでも筆者の主張「A」を伝えるために持ち出すものなので、主張「B」はあまり重要ではないことが特徴です。

国語では、問題文を読むときに、文章の内容を「対比」で整理できるかどうかがポイントになってきます。なぜなら、「対比」を読み取り、それを利用して設問に答えていく問題が、特に記述式問題では圧倒的に多いからです。

こうした論理を理解できない子どもたちは、記述式問題が苦手なので、たいていは苦し紛れに文中の言葉を抜き出したり、つなげたりして誤魔化してしまうのです。

また、マークセンス式の問題では、間違った選択肢を作る際に「対比」を利用して作る場合が多く、たとえば本文では「主観的」とあるのに、選択肢では「客観的」となっているなど、「対比関係」を意識すればすぐに間違いを発見できるのです。

抜き出し問題でも、「対比」を利用するものが出題されます。たとえば、説明文などでは、「筆者の主張」とは「反対の主張」が繰り返されることが多いので、抜き出す部分がどちら側に属するかを押さえることで、答えを導き出すことができます。


このように国語の問題を解くときは、「対比」が大いに役に立つのです。

国語は、ただフィーリングでたくさんの問題を解いても、意味がありません。大切なのは、論理を意識することです。

本書で身につけた「三つの論理」は、すべての教科の土台となるだけでなく、生涯役に立つ武器となるのです。

17
身近な例で
対比してみよう

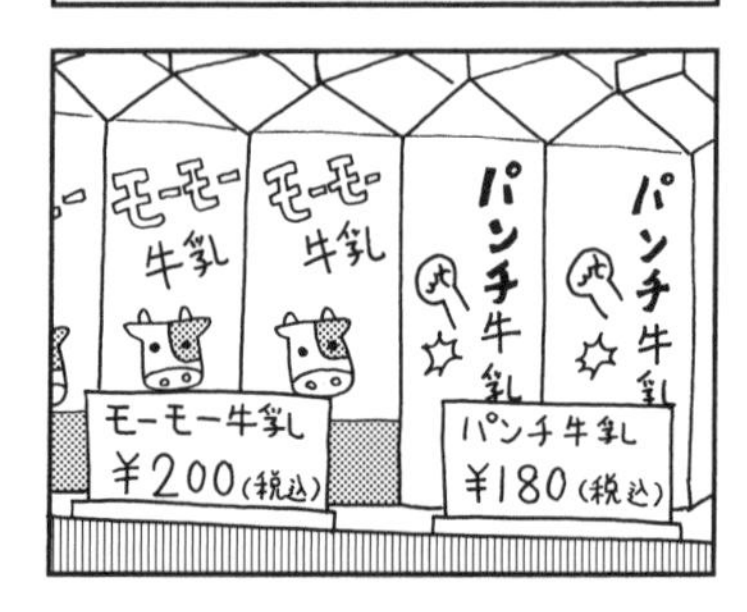

パパに
ま・か・せ・ろ!

あきさん

モーモー牛乳にしよう!
もーパパまでー
あ ダジャレ言っちゃった

パンチ牛乳はたしかに安くて魅力的だけど
モーモー牛乳と比べると 成分面では劣るんだ

ほぼ同じカロリーなのにモーモー牛乳のほうがタンパク質が圧倒的に多いんだ

たった20円の差なら モーモー牛乳のほうが
美容にも子どもたちの成長にもいいんじゃないかと思うよ
うんうん

美容♡
…そんなに言うならモーモー牛乳にしよっか

やっぱこれだね〜〜♡

17 身近な例で対比してみよう

世の中は「対比」で成り立っています。

子どもに物心がつき始めたら、「対比」を意識させましょう。

たとえば、**子どもが何かを主張したら、必ず対比できる他の何かと比べて、それぞれの一長一短を考えさせましょう。**その上でものごとを決定させるのです。子どもの主張にすぐ頷くのではなく、「別のものと比べてどうなの？」と一呼吸置いて考えさせることが大切です。

大人の世界でも、たとえば、改憲か護憲か、増税か減税か、学力重視かゆとり教育かなど、私たちは絶えず「対比」の中からものごとを選択しなければなりません。

マンガでは、はるくんが「モーモー牛乳にして」とママに何度もお願いしましたが、ママは「パンチ牛乳」の方が安いからダメと、聞く耳を持ちませんでした。論理力のない子どもは、自分の思いどおりにいかないときに、ただ駄々をこねてしまいます。そこで、パパの登場です。パパは「モーモー牛乳」と「パンチ牛乳」を比べ、「モーモー牛乳」の方が少し高いけれど、栄養などは上であるとママに説明したのです。つまり、パパは「対比」を使って、ママをうまく説得したのですね。

しかし、対比には注意も必要です。

子どもが（大人でも）よく陥る「対比」の間違った使い方に、土俵の異なるもの同士の比較があります。**「対比」はあくまで土俵が同じことが条件**です。

たとえば、陸上の短距離走の選手とスピードスケートの選手とではどちらが速いかと聞かれても、土俵が異なるので比べようがありません。

よく子どもが土俵の異なるものを持ち出して、自分に都合のいい主張をすることがあるので注意してください。そのようなときは、「対比」のルールをきちんと説明して、正しく対比を使えるようにサポートしてあげましょう。

18
予想される反対意見を考えてみよう

パパー♡
おー
なんだなんだ
なっちゃん♡
○○
買って♡
いいよーん♡

18

予想される反対意見を考えてみよう

子どもの主張を、ただ「はいはい」となんでも聞いてしまうことはありませんか？　そうすると、子どもはなんでもいえば思いどおりになると勘違いするだけでなく、考える力が育ちにくくなってしまいます。

時には**あえて反対意見を持ち出し、子どもに考えさせてみてください**。それを繰り返すうちに、子どもの方でも自然と反対意見を予想し、それに対する反論を考えてくるようになります。そうすることが「対比」を身につけることにつながるのです。

国語の説明文を書いている筆者は、ほとんどの場合反対意見を念頭に置いて文章を書いています。

なぜなら、誰もが同じ意見であれば、それは常識なので、筆者はそれをわざわざ文章に書いて紹介する必要などないからです。自分の主張が他の人たちの主張と異なるか、あるいは、反対の意見を持っている人が多いと思っているからこそ、その主張を文章に書き、不特定多数の読者に論証する必要があるのです。

そのとき、筆者は自ずと「対比」を使って文章を書いていくことになります。

たとえば、西洋の文化について主張する場合には、日本の文化と比べると、より西洋の文化の特徴が分かりやすくなるのです。

さて、「対立関係」で最も用いられるのは「対比」パターンと前述しましたが、「対立関係」には、もう一つ**「譲歩＋逆接」**パターンもあります。

自分の主張を人に分かってもらおうとするとき、反対意見を持ち出し、その反対意見を否定することで、自分の主張が正しいことを証明することができます。しかし、頭ごなしに相手の意見を否定してしまうと、けんか腰になってしまいます。そこで、相手の意見に一歩譲るのです。

「なるほど～」「たしかに～」と相手に一歩譲歩し、その上で「だが～」「しかし～」と逆接を使って、相手の意見をひっくり返すのです。

第三章で説明した「イコールの関係」「対立関係」「因果関係」などの規則に従って言葉を使うことで、論理力は飛躍的に養われます。しかし、ほとんどの子どもたちはそうした規則を意識することなく、なんとなく日本語を使っているにすぎません。

そこで、**子どもの頃から少しずつ規則に従って言葉を使う訓練をすることが大切**です。慣れるまでは大変かもしれませんが、そのうち自然と使いこなせるようになっていきます。そこまで我慢して、親がサポートしてあげてください。

子どもの頃に論理的な頭の使い方を覚えることで、その後十年、二十年と経てば、他の子どもたちとの論理力の差はどんどん大きくなるでしょう。そして、社会に出てからも論理を使いこなし、活躍できる人間に成長することができるのです。

第4章

頭の使い方を変える勉強法とは？

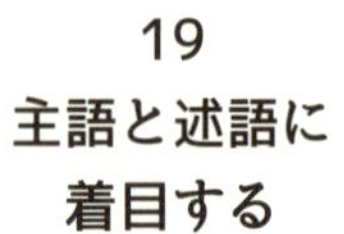
19
主語と述語に着目する

〜でね
〜って言ったの

そしたらねバーンって飛んできてね
何が？

ボールが！
うんうん

〜って言うからね
誰が？

まーくんが！
うんうん

そしたらやっぱり転んじゃってね
誰が？

ゆーちゃんが
うん うん
頭の上に ひらひら 落ちてきてね
何が？
葉っぱが！
うん うん
あ〜〜〜〜
何が？
誰が？
なんか イライラした〜
ただいまー
あ ママ おかえり なさい
今日ね 私が…した時に ○○ちゃんが …って言ったの それで先生が …それから…
……
えらい！ なっちゃん 天才！
主語述語 完ぺき!!
？

主語と述語に着目する

どんなに長い文章であっても、「一文」の集まりでできています。

ですから、**文章を正確に理解するためには、一文を正確に理解する必要があります。**

国語の問題で最頻出の傍線部説明問題でも、ほとんどの場合、一文の中に傍線部が存在します。つまり、一文を正確に読み取ることができなければ、設問の正解を導き出すことはできません。

では、一文を正確に読み取り、文章を正しく理解するためにはどうすればよいのでしょうか。

一文の要点は、主語と述語です。

つまり、主語と述語を理解することが大切です。「何が」「誰が」に当たるのが主語、「〜する」「〜だ」に当たるのが述語です。次の文章を見てみましょう。

例 花が咲いた。

「花が」が主語、「咲いた」が述語ですね。これだけでも十分意味は通じます。
しかし、これだけでは何も表現できていません。なぜなら、どのような「花が」、どのように「咲いた」のかという説明がまったくないからです。
世界でたった一本の「花」の、「咲く」という行為を表現するためには、次の文章のように、様々な「飾り」をつける必要があります。

例 昨日花屋で買ってきたばかりの、目の前にある白い百合の花が、光を斜めに受けて、ふわりと咲いた。

この一文の要点はなんでしょう？
それは、主語と述語に当たる「花が咲いた」です。

しかし、それだけでは詳しく説明できていないため、飾りの言葉をつけるのです。

国語で出題される論理的な文章も、要点となる箇所とそれを説明する飾りの箇所とで成り立っています。論説文なら、筆者の主張が文章の要点、具体例などが飾りの箇所ですね。

文章をただ読んでいるだけでは、頭の中があらゆる情報でごちゃごちゃになってしまいます。大切なのは、論理を追いながら、文章の要点をきちんと理解することです。

さて、一文の要点は主語と述語だとお話ししましたが、一文を読むときには、もう一つ意識してほしいことがあります。

それは、**述語から先に考える**ということです。

なぜなら、日本語では、ほとんどの場合、主語が省略されるからです。

一方、英語の場合、主語は省略されません。省略すれば、命令文になってしまうからです。

英語……主語である「Ｉ＝私」を明確にする文章。「私」が何をしたのか、「私」が何をどう考えたのか、具体例や理由づけを使って論証する。
日本語……基本的に主語は省略する。「私」を曖昧にぼかしたまま表現する。

マンガでは、主語をいわずに、次から次へとお話をしている女の子が登場します。自分の中では情景が浮かんでいるのかもしれませんが、お母さんにはきちんと伝わっていません。日本語は主語を省略できるはずなのに、どうしてでしょう？
それは、ルールを無視しているからです。日本語で主語を省略するときには、次のようなルールがあります。

主語が省略できるのは、前の文と主語が同じときに限る。

マンガの女の子は、主語が変わっているにもかかわらず、主語をいわずに次から次へと話してしまっているため、何がいいたいのか分からない話し方になっているのです。

ですから、**大切なのは子どもの頃から主語と述語の関係を意識させること**です。

たとえば、小学校や中学校で作文を書いたり、高校で小論文を書いたりする機会があるでしょう。その際に、先生は自分の長年の文章経験から、おかしな箇所は赤を入れて指摘しますが、子どもたちにはその文章経験がありません。ですから、赤を入れられた箇所がおかしいことは分かりますが、何がおかしいのか、どうすれば正しい文章が書けるのかは分からない、という場合が多いのです。

しかし、日本語の規則を普段から意識していれば、主語と述語が対応していないから駄目だとか、論証できていないから駄目だなど、先生が入れてくれた赤字の意味を理解できるようになります。

また、社会に出てからも大きな差がつきます。社会人になると、書類やメールなど、文章を書く機会が多くなります。

実は大人が書く文章でも、省略してはいけない主語を省略したり、主語と述語がねじれていたりしている文章が驚くほど多いと感じます。頭に思い浮かぶまま、日本語の規則を無視して、文章を書き連ねている証拠ですね。

子どもと接するときには、日常の会話やメールなどで、主語と述語を意識することを心がけましょう。そして、間違った言葉遣いをしていると気づいたときには、すぐに直してあげることが大切です。そうすることで、正しい文章の読み方・書き方が身につくようになるでしょう。

20
言葉がなければ考えられない

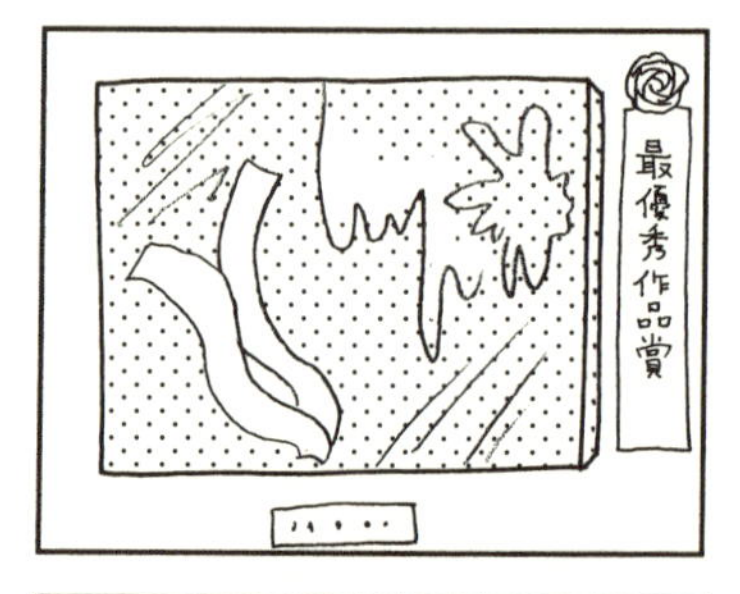

どんな風にって…ほら

なんていうかキレイでしょ
どのあたりが?

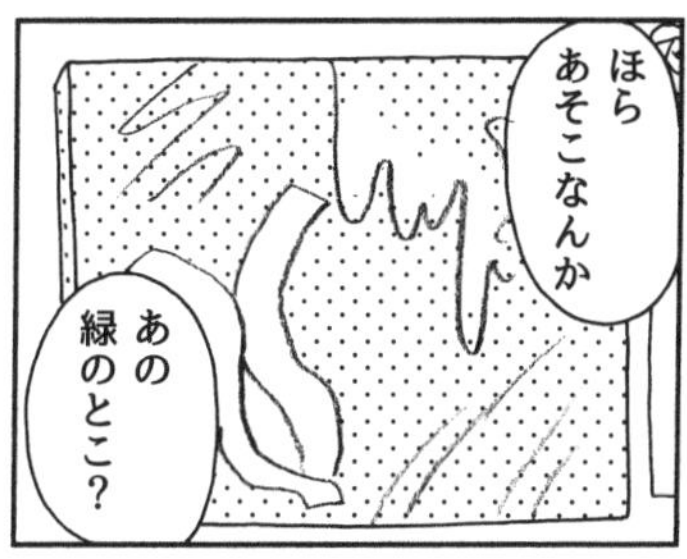
ほらあそこなんか
あの緑のとこ?

あの緑のところはコンブみたい

あ!
おばちゃんはコンブが好きなんだね!

コンブは好きだけどそういうことじゃないのよ!

言葉では言い表せないわよ!

…でも そう言われてみると
キレイって思ったとき私の頭の中はどうなっているのかしら…

言葉がなければ考えられない

私たちは言葉で世界を理解しています。

ためしに、言葉を使わずに何かを考えたり、感じたりしてみてください。

「どうして？」と瞬時に思った人は、すでに言葉を使っていますので、約束違反です。

私たちは「暑い」「寒い」「楽しい」「疲れた」など、感じたことを瞬時に言葉で認識し、整理しています。つまり**私たちは、言葉を使わずに何かを考えたり、感じたりすることは不可能**なのです。

ですから、小さい頃から正しい言葉の使い方を身につけることがとても大切です。

産まれたばかりの赤ちゃんの脳には、まだ何も情報がありません。いわば脳は白紙のキャンバスのような状態です。その真っ白なキャンバスに最初の情報を書き込むのは、おそらく両親の言葉でしょう。

あなたなら、自分の子どもの真っ白な脳に、いったいどのような言葉で、どのような情報を書き込みますか？

言葉の使い方は私たちの思考や感性と密接に関係しています。あなたが与える言葉によって、その子の将来の思考や感性がある程度決まることになるのです。


子どもが小学校に入学すると、脳に決定的な変革が起こります。

なぜなら、教科書などから、文字による情報が大量に脳に書き込まれるからです。

ですから、子どもが小学校に入る前に、一緒に絵本などを読み、文字による情報をある程度入れておくと、小学校に入ってもスムーズに勉強できるようになるはずです。

ちなみに、文字による情報とは、漢字による情報といえます。

例 美術館には素敵な絵画が沢山あった。

日本語の文章では、意味をなすのはほとんど漢字です。ひらがなの部分は、多くの場合、助動詞や助詞や接続詞です。

つまり、漢字こそ意味の中核を担うものなのです。**日本人は漢字によって情報を整理し、漢字によってものを考えているのです**。詳しくは、次の㉑でお話しします。

マンガでは、おばちゃんと、はるくんと、なっちゃんが、一緒にひとつの絵画を見ています。しかし、三人それぞれの瞳に映る絵画は、個人の主観を通して認識されています。ですから、おばちゃんは絵画を「素敵」といいましたが、はるくんには理解できなかったのです。

そこではるくんは、おばちゃんに「どこがどんなふうに素敵なの？」と聞きますが、おばちゃんは上手に説明することができず、怒ってその場を離れてしまいました。豊富な語彙力や、表現する力があれば、自分が感じたことをはるくんに伝えることができたはずです。

聖書には、「はじめに言葉ありき」という一節があります。

まだ天と地が分かれていない頃、つまり世界がカオス（混沌）であった頃、「はじめに言葉ありき」と聖書は綴っているのです。考えてみれば、おかしなことです。

天と地が分かれていない状態では、そもそも人間など存在するはずがありません。

言葉は人間が使うものですから、人間が存在しないかぎり、言葉もまた存在しないはずです。

それなのにどうして「はじめに言葉ありき」なのでしょうか？

私はこう思うのです。

言葉がないときは、天は天でなく、地は地でなく、すべてはカオスの状態でした。

人間が初めて言葉を持った瞬間、天は天として認識され、地は地として認識され、人間はカオスの状態から脱却したのです。

つまり、**人間は言葉を扱うことで世界を整理した**のです。それは言葉で世界を創造したことと同義です。

だから、「始めに言葉あり」であり、言葉は神であり、光であり、力なのです。

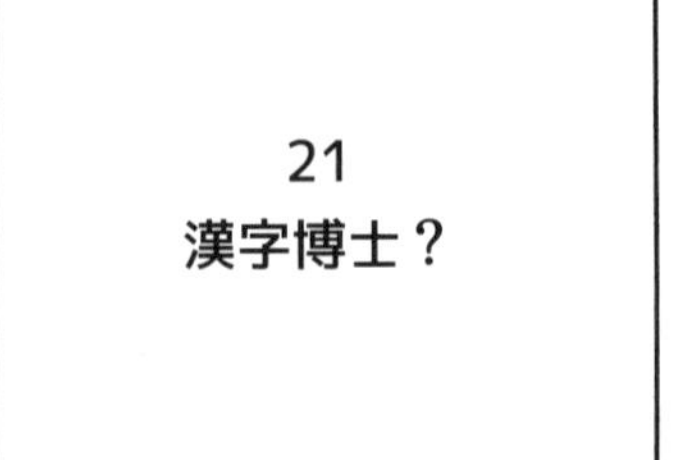
21
漢字博士？

オレ作文て嫌い
オレも
早く終わらせてサッカーやろうぜ

ぼくは宿題のない世界に行きたいです…
ツエェー
え!? そんなふざけたこと書いてるの？

んなわけないじゃん！
うそだよ——
動物園行ったこと書いてる
はっはっは

ねえ「ゾウ」って漢字わかる？
パオーーン
アフリカゾウとかの「ゾウ」

オレも「冷ぞう庫」の「ゾウ」今ちょうど悩んでたところ

オレもオレも！「ぞうきん」の「ぞう」誰かわかる？
きぐうだねぇ——

ぼく「ゾウ」って漢字ならたくさん知ってるよ

ちょっと待っててね
ゾウ、ゾウ、ゾウ…

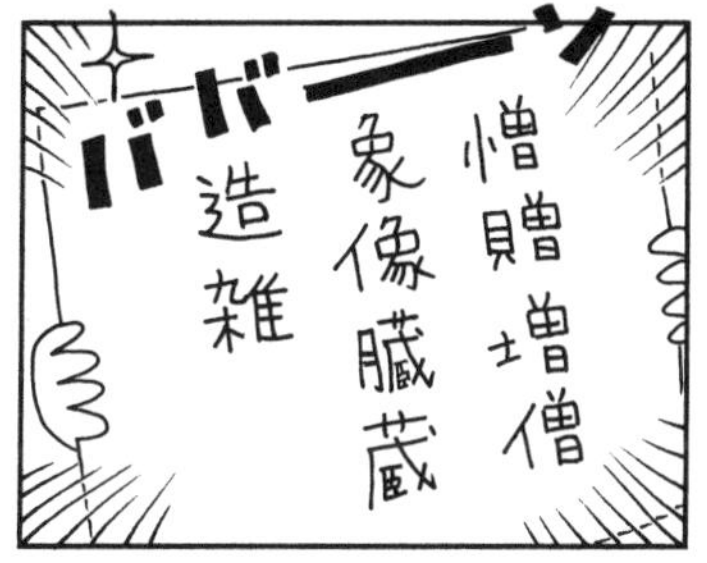
ババーーッ
憎贈増僧
象像臓蔵
造雑

スッゲー!!
見たことない漢字もあるぜ
天才じゃん!

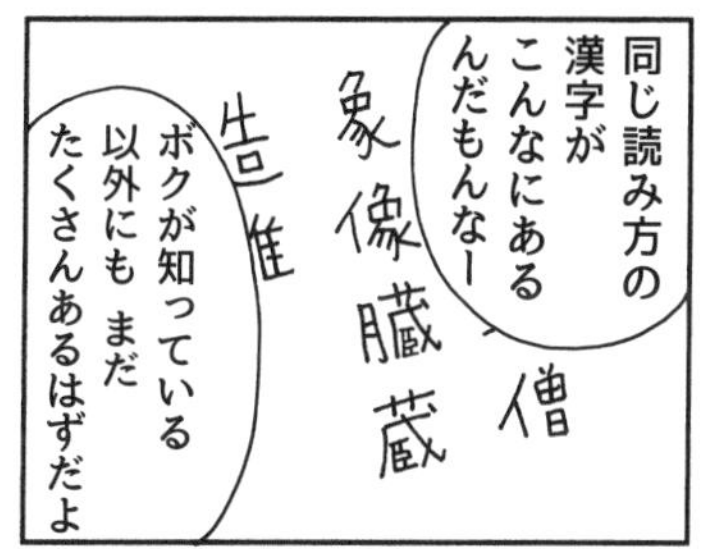
同じ読み方の漢字がこんなにあるんだもんなー
象像臓蔵
僧
ボクが知っている以外にも まだたくさんあるはずだよ

漢字って奥深いなあー
しみ
じみ

で
れいぞうこの「ゾウ」はどれ？
ぞうきんの「ゾウ」は？
パオーンの「ゾウ」は？

それはわからないから
好きなの選びなよ
てへへ

なんだよそれ！
おぼえてる意味ないじゃん
てへーー
意味なーーい
はっはっはっ

漢字博士？

マンガに登場する、はるくんの友だちは、たくさんの漢字を知っていますが、その使い方は分かりません。それは、何も考えずに漢字を書いて、暗記するだけの間違った勉強方法をしているからです。ただ単に漢字の読み書きを覚えるだけの学習の仕方では、なんの意味もありません。

現代では、パソコンや携帯などが、入力した文字を漢字に自動変換してくれます。だから、今の時代に求められる力は、**漢字を言葉として使いこなす力**なのです。

では、正しい漢字の勉強方法をお話ししましょう。

漢字は単独で用いられることはほとんどありません。たいていは二字熟語として使われます。

たとえば、「学」という漢字も、「学習」「学生」「学者」「学級」「医学」などと使われますよね。ですから、その二字熟語の意味が分からなければ、それを自在に使いこなすことはできないのです。

漢字学習のポイントはたった一つです。

漢字は言葉として、意味を中心に学習すること。

漢字が例文の中で、どのような意味で、どのような使われ方をしているかを考えながら勉強させることが大切です。

たとえばマンガではるくんたちの話題になっている、「ゾウ」という漢字であれば、次のように例文の中で覚えればよいのです。

例 新しい冷蔵庫にジュースを入れた。

例 動物園に二頭の象がいた。

例 今朝は雑巾がけをした。

このように例文の中で漢字を学習するうちに、当然、読み・書きも覚えますし、語彙力も自然と増えていくのです。

この語彙力を養うことは、将来大変役に立ちます。

私が予備校で大学受験生を教えていたときに、最も多かった相談が、語彙力がないということでした。文章を論理的に読もうとしても、そもそも言葉を知らないので、筆者が何をいっているのか分からない、というものです。

また、語彙力のない生徒は、選択肢の語彙の意味自体が分からないので、正しい言葉を選ぶことができません。

ですから、子どもの頃から正しい漢字の学習によって語彙力を増やすことが大切です。そうすれば、自然と文章を論理的に読み解くことができるようになります。

小学生で学習することは、生涯学習する上で核となる大切な知識です。

突然ですが、みなさんは雪だるまを作ったことがありますか？

雪だるまは芯になる雪玉をしっかり固めないと、転がしても崩れてしまうだけです。しかし、芯さえしっかりとしていれば、転がすだけで自然と雪だるまは大きくなっていきます。

知識も同じです。

核となる大切な知識を自分のものにできれば、後は雪だるま式に自然と知識を増やすことができるのです。

漢字の学習においても、中心となる大切な漢字を習得できれば、その周辺の漢字は面白いように自然と増えていくのです。

漢字の学習によって、小学生のうちから語彙力を増やすことを心がけましょう。

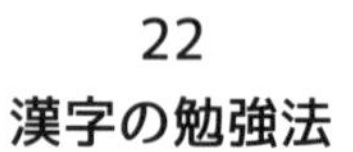

22 漢字の勉強法

あらやだ
ホーホホ
いやだわー

ただいまー
ホーホホホ

ちょっと失礼
おじゃましてます
こんにちは
こんにちは

さ 昨日の漢字の続き!!
うん…

今日は このノートが終わるまで書くのよ
終わったらおやつだね!

書いて書いて
書きまくるのよ

ガリガリガリ
オホホお恥ずかしい

あんなにがむしゃらに書いてるだけで
本当に意味があるのかしら…

もっといい勉強方法があればいいけど…
ガリッッッ
ガリ
ガリ
ガリ

ただいまー
ごはんなに？ごはんなに？
おかえりー

よっしゃウインナー
！
本書は漢字を単に覚えるのではなく使うための本なのです

漢字学習をしながら日本語そのもののトレーニングをする問題集です
この問題集なら語彙力が上がるのです

へえー それはいいねえー
!!

出口先生の頭がよくなるかんじ
ママ！これ買って！

OK！
買ってくる！
はやいなー

漢字の勉強法

前述したように、漢字は読み・書きを覚えるよりも、意味とその使い方が大切です。

では早速、具体的な漢字の勉強方法について、詳しく説明していきましょう。

本書では、『出口先生の頭がよくなる漢字』シリーズより抜粋した問題を用いて、次の二つに分けて、説明していきます。

■低学年での漢字の勉強法　STEP1〜3
■高学年での漢字の勉強法　STEP1〜3

■低学年での漢字の勉強法

STEP1

漢字は、中心となる意味をしっかりと理解することが大切です。

小学校低学年の漢字の勉強は、親のサポートが必要なので、ぜひ親子で取り組んでみてくださいね。

小学一・二年生で学習する漢字は、身の周りにある、しかも、目に見える「形のあるもの」が中心です。次の例を見てみましょう。

例　草　※音読み……ソウ　訓読み……くさ

例文　シカは□食動物だ。

例文　庭の□をぬく。

まずは、正しい書き順に従って、「草」という漢字を、五回程度練習しましょう。

その後、例文に漢字を入れます。

漢字は、必ず例文の中で覚えることが大切です。そして、漢字の勉強をただの暗記で終わらせないために、たとえば、子どもと一緒に外に出て草を見たときに「この前練習した『草』という漢字は書ける？」と子どもに問いかけてみるのです。

そうすることで、目に見えるものと漢字とのつながりができ、漢字が意味のあるものとして、子どもの脳に情報として書き込まれるのです。すると、「草」という漢字を見るたびに、子どもの脳裏に実際の草の映像が浮かぶようになっていくでしょう。

このようにして漢字を覚えていれば、「草食動物」が「草を食べる動物のことだ」と分かるようになり、そこから派生して、色々な言葉を覚えるようになるのです。子どもたちはこれから学校生活の中で、たくさんの漢字を学習します。ですから、生きた漢字を「楽しく」覚えていってほしいと思っています。

STEP 2

次は、（　）に入れるのにふさわしい言葉を選ぶ問題です。この問題を通して、漢字の意味をしっかりと定着させると同時に、言葉を文脈に合わせて使いこなすトレーニングをしていきましょう。

問（　）に合うカタカナをえらび、漢字に直して書きましょう。

例 ネコを（　）ひきかっている。【ゴ　サン　イッ】

※「ひき」がポイントだよ。

ここで理解してほしいのは、数字の「読み方」が、後に続く言葉によって変化することです。

この文だけではネコが何匹いるのか判断がつきません。しかし、「三」なら直後の言葉が「三びき」、「二」なら、「一ぴき」と読み方が変化します。そこで、答えは「五ひき」と分かるのです。**単に漢字を覚えるのではなく、漢字を使って日本語について考える時間を持つこと**が大切です。

では、もう一つ問題を見てみましょう。

問（　）に合うカタカナをえらび、漢字に直して書きましょう。□にはひらがな一字が入ります。うまく言葉がつながるように考えて書きましょう。

例（　）□中をさん歩した。【カワ　タ　ハヤシ】

さて、これはどこでさん歩したのかを考える問題です。「川」の中をさん歩することはできません。「田んぼ」の中をさん歩したなら、お百姓さんに怒られてしまいます。ですから（　）に入る答えは「林」とわかりますね。そして、最後に、□に助詞の「の」を入れましょう。空欄に入る助詞を考えることで、助詞の使い方を習熟させることもできるのです。

漢字を通して、考えるきっかけを作ることが大切です。

STEP3

最後は正確な一文を作成する問題です。この問題を解くためには、言葉の規則を知っていなければなりません。このようなトレーニングをすることで、生きた文法が自然と子どもの頭の中に定着していきます。

問 言葉をならべかえて文を作りましょう。□に合うひらがなを〈　〉の中からえらんで書きましょう。線のついているカタカナは漢字に直して書きましょう。

例 かっている　オオきくて　ぼくは　かしこい　犬　〈の　に　を〉

解答らん ［　］［　］［　］［　］□［　］

この問題に取り組む際には、次のような手順で考えましょう。

①まず述語を探す。述語は「かっている」。
②述語に対する主語を探す。主語は「ぼくは」。
③「ぼくはかっている」と文の骨格ができあがる。何をかっているのかを考える。
④かっているのは犬。「ぼくは犬□かっている」となる。
⑤残っている「大きくて」「かしこい」は、どちらも「犬」を説明する言葉。
※カタカナの「オオ」を漢字に直す。
⑥「大きくて」「かしこい」の順番を考える。「大きくて」→「かしこい」→「犬」。

⑦最後、□に助詞を入れて完成。

「ぼくは　大きくて　かしこい　犬　を　かっている」

一文を作成するだけでも、低学年の小学生にとっては、かなり頭を使う作業となります。毎日、少しでもよいので、漢字を使って頭を使う習慣をつけましょう。そうすることで、自分の頭で考えることができる子どもに育ちます。

では、次は高学年です。

■高学年での漢字の勉強法

STEP1

漢字の読み書きだけでなく、**漢字一字が持つ本来の意味を理解することが大切です。**

例 果

読み……カ、は―たす、は―てる、は―て

意味……①木の実、②原因や理由があって起こるもの

「果」には、大切な意味が二つあります。そして、たいていの場合、他の漢字と組み合わせ、二字熟語として使われます。

①「木の実」「くだもの」という意味。

例 果肉入りのジュースを飲む。

②「原因や理由があって起こるもの」という意味。

例 頑張れば、結果がついてくる。

このように漢字の持つ意味を知ることで、二字熟語の意味も分かるようになるのです。

STEP2

問 適切な熟語を選び、カタカナを漢字に直しなさい。

例 今年の（　）は胸を張っていいものだった。【ケッカ　カジツ　セイカ】

※ケッカとセイカの意味はどう違う？　胸を張れるのは、どっち？

この例題のように、選択肢にある語彙の違いを理解し、文章の中で適切なものを選ぶには、漢字の読み・書きを知っているだけでは対処できません。言葉の意味、そして、言葉の使い方を調べることが大切です。

「果実」は果物という意味ですから、文脈上合いません。問題は、「結果」と「成果」のどちらが適切かです。もちろんどちらを選んでも間違いとはいえませんが、よりどちらの言葉が適切かを考えるときには、語彙力が必要になります。

「胸を張っていいもの」につながる言葉は、単に「結果」ではなく、「結果が成る」という意味を持つ、「成果」です。「結果」にはプラスの意味はありませんが、「成果」は必ずプラスの意味で使われます。このように、**漢字の意味を考え、語彙力を身につけていくことが大切**です。

STEP3

最後は、言葉を並べ換えて、正確な一文を作成する問題です。

問 言葉をならべかえて文を作りましょう。線のついているカタカナは漢字に直して書きましょう。

例 ケッカ　悪いも　しだいだ　良いも　すべては

前にお話ししたとおり、一文には要点となる主語と述語があり、それらを説明する飾りの言葉がついています。まずは主語と述語という要点をしっかりとつかまえましょう。次に、どの言葉がどの言葉につながっているかを考えます。

言葉の規則に従って正確な文を作成する訓練をすることで、生きた文法力を確実に身につけ、記述力を養成することにもつながるのです。

解答の手順は次のとおりです。

①まず述語を探す。述語は「結果しだいだ」。※カタカナの「ケッカ」を漢字に直す。
②述語に対する主語を探す。主語は「すべては」。
③「すべては〜結果しだいだ」と文の骨格ができあがる。
④残った「悪いも」「良いも」の言葉のつながりを考える。「良いも悪いも」となり、一文が完成する。

「良いも悪いもすべては結果しだいだ　**別解** すべては良いも悪いも結果しだいだ」

日本語はすべて言葉の規則で成り立っています。
こうした訓練を続けることで、正確な日本語の使い方が身につくようになります。子どもたちは生涯にわたって日本語を使って生きていきます。小学生の頃から、漢字の学習を通じて豊かな語彙力を身につけることで、読解力、記述力、論理力がぐんぐん伸びるでしょう。そして、その力は、生きていくための一生の武器となるのです。

第5章

国語力があれば、全教科の成績が上がる！

23
日本語の力

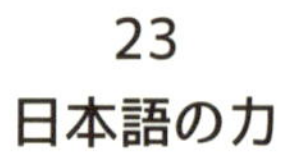

!!
え?
え?
はぁ!?
なんなんだよーー!
まってー
はぁ…なんか疲れた…
はいはい
え?

……
……
う…
もう……
何言ってるか
わからないよ!!
……!?
夢!?
ねえ
夢!?
そりゃ
眠ってたら
何言ってるか
わからないよね?
はっはっ
はるくん
ねぼけてる
わかるよ!!
先生の言ってること よく
わかるよ!!

日本語の力

マンガのはるくんのように、周りの人が何をいっているか分からない……という状況になったらと思うと、ゾッとしますよね。マンガのような状況は極端ですが、これは私たちの間でも十分起こり得ることなのです。

今の子どもたちは、昔と比べて言語による思考訓練を行う機会が少なくなっています。

なぜなら、幼い頃から、アニメやマンガ、ゲーム、音楽などにどっぷりつかっているため、ものごとを落ち着いてじっくり考える習慣を持っていないからです。これらは映像文化といって、主に絵と音による刺激だけで内容を分かった気分にさせるため、子どもを感覚人間にしてしまう傾向があります。

また、メールやＬＩＮＥなどで文章を書く機会は増えていますが、そのほとんどは顔文字や絵文字などの感情語が中心です。

さらに学校や塾では、ひたすら答えを暗記する詰め込み教育が行われており、自分で考える力を養うことができません。

このような環境で、なんの疑問も持たずに生活をしていると、成長して社会に出たときに、自分の考えを持てず、相手のいっていることも分からないという状況に陥ってしまいます。

そうならないためにも、**子どもの頃から国語力（言葉や日本語の能力）を鍛えてあげてください。**

国語力は、パソコンのＯＳ（オペレーティングシステム、基本ソフト）のようなものです。

パソコンの中には、ワードやエクセルなど様々なアプリケーションソフトがありますよね。しかし、それだけではどんな仕事もできません。様々なソフトはＯＳの上に乗っかって、初めて動き始めるのです。

パソコンは、すべてのやりとりをコンピュータ言語によって行っています。そして、その言語処理の場がＯＳなのです。

ですから、ＯＳが古いまま、新しいアプリケーションを動かそうと思っても動きません。ＯＳをバージョンアップする必要があるのです。

人間の頭もパソコンとまったく同じです。

小学校・中学校・高校・大学と、私たちはしだいに難しい勉強や、困難な事態に直面します。それらに対応するためには、ＯＳ、つまり国語力を強化していかなければ、私たちの頭はフリーズしてしまいます。

算数や英語、理科、社会などの問題もすべて言葉を使って考えます。つまり、**子どもの頃から国語力を鍛え、成長するにつれてバージョンアップすることで、全教科の成績アップにもつながる**のです。

では、国語力はどのように鍛えるべきでしょうか。

前述したように、子どもに「考える力」をつけるためには、親が他者意識を持って、論理的でわかりやすい会話を心がけることが大切です。

また、小説を読むことでも国語力を養うことができます。

たとえば、川端康成の『伊豆の踊子』を読んだとしましょう。

私たちは無味乾燥な活字から、様々な情報を受け取ります。私たちが体験したこともない昭和初期の時代状況やその暮らし。そして、主人公の学生はどんな人物で、ヒロインの踊り子はどのような少女だったのか。

活字がもたらした情報を組み立て、創造的世界を構築することで、考える力が養われるのです。

小説を読むとは、このように主体的な行為なのです。

一方、映画『伊豆の踊子』では、女優や俳優の演技や映画のセットをただ見ていることになるので、それはすでに完成されたものを享受するという、受動的な行為があるだけになってしまうのです。

もちろん、前述したようなアニメやマンガ、ゲームや映画を楽しむ時間があってもよいと思います。しかし、その時間以上に、子どもが「考える力」を養う時間を作ってあげることが大切です。

24
論理力

出口汪の
論理的に
考える技術

なぜなら
論理
つまり
予想される反対意見
対比

なっちゃん
もう寝なさーい
なぜなら
つまり
たいひ
よそうされる
はんたいけん

なぜなら
つまり
対比
予想される反対意見
Z Z Z Z

ーと
なります
なぜなら
ぴくっ

なぜなら

―をすると
こうなります
つまり
―なんだよ
ぴくっ

つまり！

昔の人は～
～でした
それに
対して
今の時代の
人は……
ぴく

対比！

～を
～すると
いうこと
それはちがう
と思う人も
いるかも
しれませんが
これは!!

予想される
反対意見!!

はっ

わっはっはっはっは
なんでも
ないです～

論理力

みなさんの子どもは、自由に遊ぶ時間がありますか？

私が子どもの頃は、学校が終わるとカバンを投げ出して、友だちと一緒に野山をかけずり回ったものです。

しかし、今の子どもたちを見ていると、学校が終われば塾や習い事が待っています。ほんの少しの自由な時間は、マンガを読むかゲームをして過ごすかしかありません。

もし、子どもの頃から自由に遊ばせることもなく、ひたすら勉強をしなければ成績が伸びないというのであれば、それは間違った勉強を押しつけている証拠です。

小学生はそれほど多くの時間を勉強に割く必要はありません。本来、子どもは子どもらしくその時間を過ごすべきなのです。

しかし、そのためには、すべての教科において、効率よく学習効果を上げる必要があります。

そのカギこそが、国語力の中心である、論理力なのです。

小学生の頃は、ただ知識を詰め込むよりも、論理力を養うことの方がはるかに重要です。

マンガではは論理力に目覚めたなっちゃんが、先生のお話を聞きながら、先の内容を予想しています。この**「先を予想する力」が、すべての教科において大切**なのです。

たとえば算数の場合、論理力のある子どもは、文章題を落ち着いてしっかり読み進めます。そして、それを数式に置き換え、先を予想しながら計算します。ですから、途中で計算間違いをしても、すぐにこんなはずはないと気がつくのです。

それに対して、論理力のない子どもは、文章をしっかり読むことなく、いきなり思いついた解法パターンに当てはめて計算をし始めます。ただ闇雲に計算するので、途中で計算間違いをしてもそれに気がつきません。

このように、論理力のない子どもがいくら膨大な時間を算数の学習に当てたところで、そのほとんどが無駄に終わってしまうだけなのです。

また、理科や社会でも、問題文は日本語で書いてあるのですから、小学生のうちは最小限の知識さえあれば、たいていは論理的に読むことで答えを導き出すことができます。


勉強は、もともと遊びでした。

たとえば、平安時代の後宮では、お姫様や女房は家事・炊事・洗濯をする必要がありませんでした。テレビもマンガもゲームもない時代、与えられた狭い部屋の中で、彼女たちは様々な遊びを工夫しました。

そこで生まれたのが、音楽や和歌、源氏物語や枕草子です。今は古典の勉強として扱われていますが、これらはもともと遊びから生まれたものなのです。

つまり、学問や文学や音楽や芸術は、生涯かけても退屈しない遊びといえるのです。


小学生のうちに、新しいことを知ったり、発見したりする面白さに触れ、知的好奇

心を育てることが大切です。そうすれば、勉強に興味を抱き、自分から自然と頑張り始めるようになります。

子どもの頃に、基礎的な学力を鍛え、生涯勉強で遊び続ける力をつけましょう。

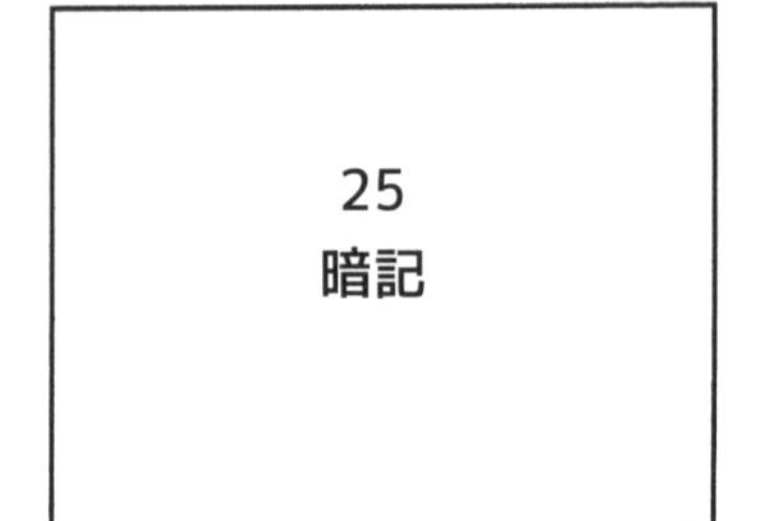
25
暗記

ウチの子
天才ですのよ
うーんと
記憶力が
いいざますの

ボク
山手線の駅
ぜんぶ
言えるよ

一度教えた
だけざますよ
すごい
わー！
ボク
電車好き
ぼくも
ぼくも

しながわたまち
はままつちょう
しんばし
ゆうらくちょう
とうきょう

わぁ——

かんだあき
はばら
おかちまち
うえの

うおおお——

うぐいすだににっぽり
にしにっぽりたばた
こまごめすがも
おおつかいけぶくろ
めじろたかだ
のばば
しんおお
くぼしん
じゅく
よよぎ
はらじゅく
しぶやえびす
めぐろごたんだ…
おおさき!
すごい!
すっげー!
ホーホホホ
たいしたことあるざますよ
ママ何ていう駅だっけ
あ うーんと…
たしか巣鴨のとなりの駅…
えーーと
巣鴨のとなりの駅ってなに?
えーっとね
あ

あ!
ぼく昨日山手線乗ったんだよ
ええと

しながわたまち
はままつちょう
しんばしゆうらく
ちょう〜〜〜〜
〜〜こまごめ
すがも
思い出した大塚だ!
……

暗記

あなたの目の前に十人の見知らぬ人間がいたとしましょう。

あなたはその人たちと、今後一生関わることはありません。さて、このような状況で、十人全員の名前を覚えてくださいといわれたら覚えられますか？

私には覚えられません。なぜなら、覚えても無意味だからです。たとえ覚えたとしても一日で忘れてしまうでしょう。


脳は、忘れるようにできています。

「一度覚えたことを二度と忘れなかったらいいのに」と思ったことがあるかもしれません。しかし、もし一度見たり聞いたりしたことをすべて覚えていたら、頭の中は情報であふれて、私たちは確実に混乱してしまうでしょう。

つまり、私たちの脳は上手に忘れるようにできているのです。

しかし、学習においては、記憶することが必要です。

マンガの男の子は、山手線の駅名をすべて記憶しています。しかし、はるくんが「巣鴨のとなりの駅って何？」と聞いたときに、すぐには答えることができませんでした。これでは意味がありません。なぜなら、ただ覚えているだけで使えていないからです。

学校や塾で、公式や重要単語をただ詰め込むだけの学習も、これと同様に意味がないものです。

では、そもそも記憶するとはどういうことでしょうか？

それは、**知識を理解して定着させること**です。

知識は、理解していなければ、それを使いこなすことも、応用することもできません。使うことができなければ、どれほど多くの知識を詰め込んでも、時間が経てば、どんどん忘れていきます。

小学生で学習することは、その後の学習の土台になることばかりです。その知識を忘れてしまうと、その土台の上にさらに知識を積み重ねることができなくなります。そして、やがて勉強が分からなくなってしまうのです。

記憶を定着させるには、三つポイントがあります。

①理解すること

前述したように、記憶することは理解することです。たとえば、社会科で重要人物の名前を覚えるときに、ただ名前を覚えるだけではすぐに忘れてしまいます。時代の流れや人物の情報などを理解しながら記憶することが必要です。

②反復すること

覚えなければいけないことは、折に触れて何度も見て、覚えているかどうか確認することが大切です。

③イメージすること

たとえば、ある英単語を覚えるときに、その綴りを覚えるだけではすぐに忘れてしまいます。しかし、その単語の意味を十分理解した上でなら、パッとイメージすることができるようになるのです。

小学生で学習することは、生涯にわたって必要なことばかりです。

だからこそ、正しい記憶の仕方が大切です。

勉強に興味を持ち、理解し、それを整理すること。そのためには国語力で養った、論理力こそ不可欠です。

理解できれば、それを使いこなすことができます。そのように使っているうちに、しだいに知識が自分のものとなり、生涯忘れることのないものとなっていくのです。

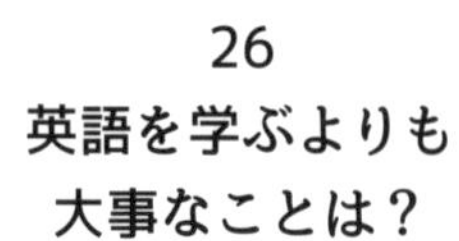

26
英語を学ぶよりも大事なことは？

べつにまだ何も考えてないよー
ほら今のも英語で言いなさい

I have no idea.

言いたいことをとにかく英語で話せばいいのよ英語で！
えー

I have nothing to say.
言いたいことはとくにないという意味ですわ

ちょっと頼りない感じの子だったわね…
とはいえ英語はしっかり話せていたし…

ウチの子は英語なんて話せないけど大丈夫かしら
ただいまー
だから
何度もパパに

何度も言ってるけど〜〜〜〜〜〜〜で
つまりそれは〜〜〜〜〜〜〜ってことなの
とく
とく
とく

これだけ意見が言えるならまだ英語は話せなくてもいっか
なっちゃんにはかなわないなー
笑い事じゃないの！

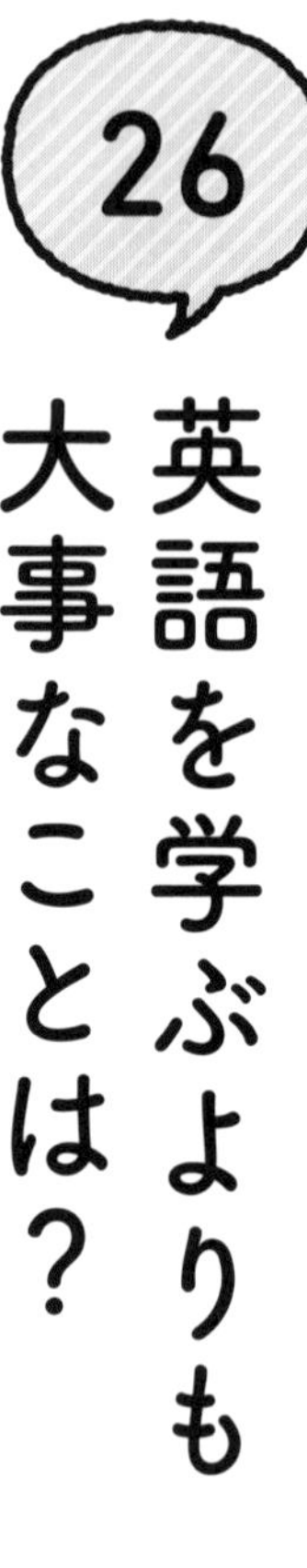

26 英語を学ぶよりも大事なことは？

大学受験では、文系も理系も英語が重視されています。

日本ほど英語に学習時間をかけている国はそれほどないのに、私たちは英語を喋ることができません。それはいったいなぜでしょうか？


実はこれには歴史的な背景があります。

日本が鎖国をしていた時代、唯一交流のあった西洋の国がオランダでした。ですから、西洋の学問はすべてオランダ語の書物として入ってきたのです。

そのため、当時の西洋の学問とは、オランダ語の書物を翻訳することだったのです。

明治以後、オランダ語に取って代わったのが英語です。

当時大学に行くのは一部のエリートに限られていたので、彼らが日本にとって必要な書物を翻訳し、すべての日本人がそれを日本語で模倣するというのが学問のあり方でした。つまり、大学とは外国語翻訳学校であり、翻訳すべき対象が文学や法律、経済や医学などに分かれていたにすぎません。

ですから、文系・理系を問わず大学入試では、英文解釈と文法が重視され、翻訳能力が問われたのです。一方、英会話と英作文はほとんど試験に出題されることがありませんでした。

このような英語教育が、ずっと続いていたのです。

しかし、時代は変わりました。

今の大学生には、グローバル社会の中で生きるために、英会話力が必要となってきたのです。

そこで、文部科学省は「話す」「聞く」「読む」「書く」の四つの力を新しく打ち出しました。それは、今まで「読む」に重点を置きすぎていた日本の英語教育では、この四つの力をバランスよく伸ばすことができなかったという反省からくるものでした。

そして、今や小学校でも英語が導入され始めています。

マンガに登場するお母さんも「英語が話せなければ、おハナシにならないわね」といっていますよね。

しかし、それは本当でしょうか？

マンガの女の子は、英語はペラペラですが、自分の意見はあまり持っていないようでした。それは、まだ日本語で考える力を養成しないうちに、英語を学んでしまったため、ものごとを深く考えることができていないからです。


英語は学問ではありません。コミュニケーションの手段です。

アメリカでは、幼い子どもでも英語を喋ります。だからといって、決して尊敬されるわけではありません。**たとえ英語が喋れなくても、ものごとを論理的に考えることができる人間の方が尊敬される**のです。

もし、**英語を喋りたいなら、その前に国語力を身につける必要があります。**

私たちは日本人として生まれた以上、生涯日本語を使い、日本語で考えます。

ですから、まず誰にでも必要で、最も大切なのは国語力です。

正しい方法で国語を学習することにより、グローバル社会で必要不可欠な論理力を身につけることができるのです。

そして、その論理力は、将来の英語の学習に生かすことができます。

私たちが英語を喋れないのは、ただ英語に習熟する環境が日本にはないというだけです。ですから、本当に英語が必要になったら、海外に一、二年でも留学して、英語だけで生活してみればいいのです。

英語は何も小学校の頃から本格的に学習しなくても、必要になったときで十分間に合います。

第6章

実践ノートで伝える力と書く力はここまで上がる

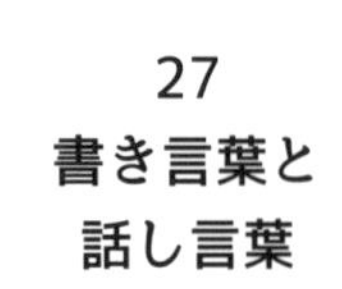

27
書き言葉と話し言葉

おーい
はる坊
おじいちゃん

これ
トマトと
ナス
持って行きな
ありがとう！

あれ？
お手紙が
入ってるぞ
ガサゴソ
なんだろ？

え!?
はる坊へ
また20点なんか取って
いないだろうな。次は
良い点を取りなさい。
おじいちゃん
怒ってる!?

おじい
ちゃーん！
お手紙！
タッタッ

読んだか！
まーた
テストで
20点なんか
取っているん
じゃないだ
ろうな～？
次は良い点
取れよ！
はぁ
はぁ
あれ…
いつもの
やさしい
おじいちゃんだ

書き言葉と話し言葉では
同じ内容でも印象が違う
ことを知ったはるくんでした
次は
100点
取るよ
そりゃ
楽しみ
だなー

27 書き言葉と話し言葉

子どもの将来を考える上で、「書く力」の伸ばし方を知ることは、非常に大切です。

そして、そのためには「話し言葉」と「書き言葉」の違いを明確にする必要があります。


マンガのはるくんは、おじいちゃんからの手紙を読んで、いつも優しいおじいちゃんが怒っている、と思ってしまいます。しかし実際にお話ししてみると、まったく怒っていませんでした。

これをふまえて、「話し言葉」と「書き言葉」の違いを大きく二つに分けて説明しましょう。

①目の前に相手がいるかどうか

■話し言葉

会話には必ず相手がいます。

言葉が足りないときは、表情やジェスチャーでそれを補うことができます。また、相手の反応を見て、もう一度説明をし直すこともできます。

■書き言葉

目の前に相手がいません。

相手が理解してくれたかどうか、その反応を確かめることができません。

つまり、正確な日本語で論理的に書かなければ、相手に伝わりません。

②「未完成品」か「完成品」か

■話し言葉

会話では、相手の反応を見て、時には話題を変えることもあるし、相手から思わぬ意見や感想をもらって、話が意外な方向に発展することもあります。お互いのやりとりの中で、しだいに話が高まったり、途中で終わったりするのです。

いわば、話し言葉は「未完成品」として提出され、最後まで完成されることはなく、どこかに消えていきます。

■書き言葉

文章はあくまで「完成品」として提出されます。いったん相手に渡れば、書き直したり、相手のそばで説明を付け加えたりすることはできません。ですから、相手が誰でも理解できるように、正確な日本語で論理的に説明する必要があります。

さらに、書き言葉はいつまでも読み手の元に残っています。もし、間違った日本語で書いてしまうと、その国語力のなさが、いつまでも証拠として、読み手の元に残ってしまう可能性があります。


私は、子どもは子どもらしい話し方をすればいいと思います。

無理に背伸びをする必要は、どこにもありません。ただし、**考える力、伝える力を伸ばす訓練をするために、正確な日本語を使うことを心がけてください。**

一方、書き言葉は子どもっぽくする必要はありません。

なぜなら、文章は人に見せるもので、日本語の規則に従って論理的に書かなければいけないからです。

子どもの論理力、思考力、伝える力など、広い意味での国語力を鍛えるためには、文章を書かせることが最も効果的です。

ぜひ子どもに文章を書く機会を与えてあげてください。

詳しくは㉙でお話ししますが、たとえば、毎日「日記」を書かせるのもよいかもしれません。そして、子どもの書いた文章を丁寧に読んであげてください。そのときに大切なことは、「よく分からない」と思ったところを、指摘してあげることです。

その訓練を繰り返すことで、子どもは自分が思いついたまま書いても、相手に伝わらないと知り、論理的に書く力が養われるのです。

28
伝わる文章を書こう

この前 新しい牛乳をスーパーで見かけたって言ったじゃん…
うぅう…
『運動の後に飲む牛乳』ってやつだよ…

それはパパも飲みたかったなぁー
でもこのメモじゃわからないよ
モーモー牛乳のがいーよー

せっかく運動してきたのに～
くぅー
説明が足りなかったかぁー

数日後―
あら また置き手紙

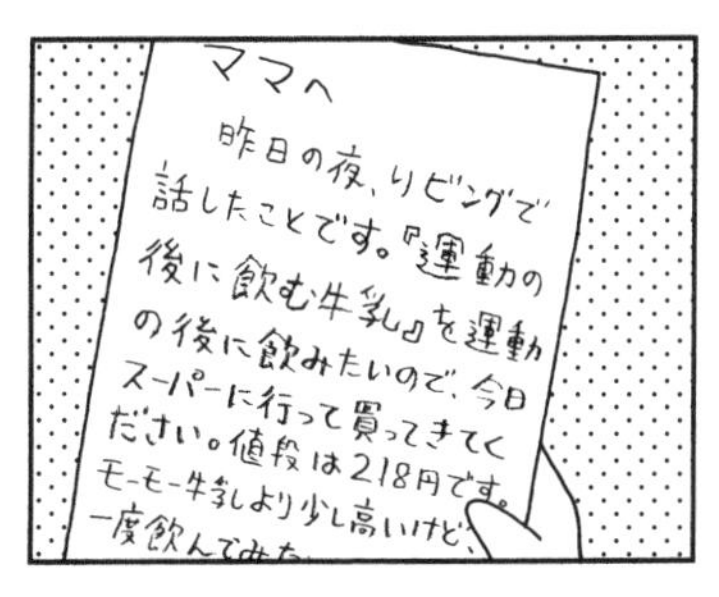
ママへ
昨日の夜、リビングで話したことです。『運動の後に飲む牛乳』を運動の後に飲みたいので、今日スーパーに行って買ってきてください。値段は218円です。モーモー牛乳より少し高いけど、一度飲んでみた

はるくんたら
クスッ
こんなにシッカリした文章を書くほど飲みたいのね

!
ガバ

あ!
寝ちゃった…
今度は運動しそびれた!

伝わる文章を書こう

インターネット時代の到来は、私たちに大きな変化をもたらしました。

たとえば、音楽はパソコンやスマートフォンからダウンロードするようになりましたし、本もやがては電子書籍が主流になるといわれています。

私自身の仕事もまさにこの流れに乗っています。私がおこなった講義は、一度動画に収録すれば、あとは衛星放送やネットを通して無限に放映されます。生身の私が働かなくても、一度コンテンツさえ作ってしまえば、勝手に仕事が成立する仕組みとなっているのです。

つまり、今の時代は、「もの」ではなく、「情報」が商品となるのです。

それと同時に、私たち自身が書く文章も否応なく変化させられます。

前にもお話ししたように、今や誰もが、メールやブログ、ツイッターやフェイスブックなどを利用しています。私たちは日常的に、電子情報として文章を第三者に発信できるようになったのです。そして、これらは一度発信してしまえば、誰に読まれているか分かりません。

この**電子情報の時代において、第三者、つまり他者に向けて分かりやすい文章を書けるかどうかが、人生で成功するカギを握っている**といえます。

そのために、子どもの頃から意識させてほしいことが二つあります。

①正しい日本語の使い方
②言葉の論理的な使い方

このような能力は、大人になってから身につけようとすると、大変苦労します。

ですから、子どものうちに、自然と身につけさせましょう。

子どもはもともと他者意識を持ちません。

不満があれば、泣いたりして、親が自分の不満を察して解消してくれることを期待します。しかし、そのような状態を続けていると、いつまで経っても他者意識が芽生えることはありません。

マンガでは、はるくんがお母さんに手紙を書いていましたね。

しかし、「アレ買って」と書いただけでは、何を買ってほしいのか伝わりませんでした。この経験を通じて、はるくんは、文章は論理的に分かりやすく書かないと相手には伝わらないと、学ぶことができたのです。

子どもが論理的な文章を書く力は、親自身が子どもとの交流の中で身につけさせていくべきです。学校や塾ばかりに頼ってはいけません。

そこで、子どもに文章を書かせて、それを親が読んであげる機会を作ることから始めましょう。

そのために、私から一つ、提案があります。
それが次に紹介する「伝えるノート」です。

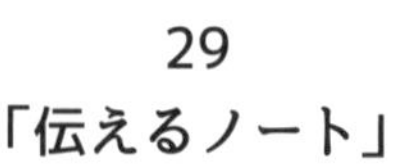

29「伝えるノート」

あ

出口先生だ!!

なっちゃんがよく読んでる出口汪の『論理的に考える技術』っていう本を出してる人だね?
この間テレビに出ていたでしょ?
見てたはずよ

その本おもしろいの?
具体的にどうおもしろいの?

まず説明がわかりやすいし
なにより国語の力が全教科に共通するっていう画期的な考え方が素晴らしいの!

国語はセンスだって思ってる人が多い中で
出口先生はきちんと国語を教えてくれるんだよね

そういうのは
学校の授業では学べないわよねー

くるっ
そのとおり!

きみたちは
だいぶ
論理的に
なったね

先生
!?

私もっと
論理的に
なりたい!
成績も
上げたい!
きみは
群を
抜いて
論理的
だけどね
笑

もっと
論理的に
なるには
どうしたら
いいんで
しょうか

子どものうちは特に
欲求を伝える練習が
一番論理力を
育てるんだ

これからは
この 気持ちを
『伝えるノート』を
使えば
論理力をもっと
ぐんぐん
鍛えられるよ
気持ちを
伝えるノート

気持ちを
『伝える
ノート』!

「伝えるノート」

最後に、私から「伝えるノート」をプレゼントします。

巻末の付録を切り取り、コピーして何度も使ってください。

また、水王舎のホームページ（http://www.suiohsha.jp/kokugo_chikara/index.html）から無料でダウンロードすることもできます。

このノートを使って、すべての教科の土台となる論理力を鍛え、生涯にわたっての武器となる日本語力を強化しましょう。

あなたの子どもが、自分で考え、それを他者に向かって分かりやすく伝えることができるようになるために、必ず役に立ちます。

このノートは、子どもが親に何か伝えたいことがあるときに、その内容を書いて親に渡すというものです。

ノートの左ページは原則として、自分の気持ちや考えを書き、右ページは予想される相手の反対意見やそれに対する自分の考えを書きます。

では、具体的なノートの使い方をお話ししましょう。

まず左ページからです。

①今の気持ち

ここには、まず伝えたいことを明確にして、子どもに書かせましょう。

たとえば、「○○を買ってほしい」「お母さんのいった○○について、私はこう思う」「ご飯の時間をもっと早くしてほしい」などです。

子どもの中に明確な気持ちや意志、意見などが生まれたときは、ただ聞くのではなく、「伝えるノートに書いてね」と答えてください。

大切なのは、他者に対して説明させることです。親だから分かってくれるだろう、といった気持ちではなく、それを誰にでも分かるように表現させましょう。

そして、その際には、第3章で説明した、三つの論理（イコールの関係、対立関係、因果関係・理由づけ）を駆使しましょう。

②読む人に伝わるように書こう（イコールの関係）

たとえば、「今の気持ち」が「新しいゲームソフトがほしい」であれば、「イコールの関係」の具体例・引用などを活用させましょう。

具体的に

具体的にどんなゲームかを書く（具体例）

家族、先生、友だちの意見

ゲームを買った友だちの意見を書く（引用）

このときに大切なのは、正確な日本語で書かせることです。

主語や述語、目的語などを明確にして、なるべく省略を使わないこと。

このような点を丁寧にチェックしてあげてください。

③理由を書こう（理由づけ）

自分の気持ちや意見を書く場合には、必ずその理由を書かなければ、相手は納得してくれません。どうしてそう思ったのか、なぜそれが必要なのか、しっかりと理由を考えさせましょう。

ただ「欲しい」といえば、親が買ってくれると思うようでは、赤ちゃんと変わりません。しっかりとした理由づけができないと、自分の要求が人には伝わらないことを徐々に学んでいく必要があります。

たとえば、運動会にお父さんが見に来てほしいと思った場合、「父兄参加の競技があるから」など、なぜそう思ったのかできるだけ具体的に書かせましょう。

次は右ページです。

④予想される反対意見を書こう（対立関係）

ものごとは思いどおりにならないことが多いものです。ですから、自分の主張に対して、あらかじめ反対意見を想定させましょう。ここでは、三つの論理のうちの「対立関係」を活用します。

たとえば、「今の気持ち」が「新しいゲームソフトが欲しい」だとしましょう。それに対して、子どもに反対意見を考えさせるのです。

Ａゲームに夢中になって、勉強をしない。

Ｂゲームばかりしていると、本を読まなくなる。

Ｃゲームに熱中して、親の話を聞かない。

⑤反対意見に対して、自分がどうするべきか書こう

予想される反対意見に対して、自分がどうするべきかを考えさせます。たとえば、ルールを自分から提案させるのです。

Ａ必ず宿題を終えてからでないと、ゲームをしない。
Ｂ新しいゲームを買う代わりに、最低一ヶ月に一冊本を読む。
Ｃ親が話しかけたら、いったんゲームを中断する。

子ども自身が自分でルールを提案し、親がＯＫを出したら、自分の責任で守るようにすることが大切です。

⑥おうちの人の一言

子どもが「伝えるノート」を書いたら、必ず親に見せることにしましょう。親はそれを読んだら、なるべく早く「おうちの人の一言」を書いてあげてください。
子どもは、親から反応をもらえると、とても喜ぶものです。

では、最後に、ノートを見るときに、親が注意してほしいポイントを二つお話ししましょう。

① 正しい日本語で書いているか

特に、主語と述語の関係、言葉のつながり、助動詞・助詞の使い方などをチェックしてください。

②「イコールの関係」「対立関係」「因果関係・理由づけ」がしっかりしているか

もし、書かれている内容が曖昧な場合は、分かったふりをせず、「お母さんは、これじゃあ分かりません」などと、はっきりとノーの意思表示をするべきです。

すると、子どもの方でも、どうすれば相手に分かってもらえるか、自分なりに一生懸命考え始めます。

しっかりとノートが書けていたら、褒めてあげてください。できたら、子どもの気持ちを理解し、時にはその要求を満たしてあげましょう。

ただし、その代わりに、子どもはルール（約束ごと）を自ら提案するわけですから、それを自分で守るようにさせてください。

子どもが自ら設けたルールは、「伝えるノート」に自らの文字で証拠として残っているのですから。

ぜひこのノートを活用して、子どもの書く力を鍛えてあげてくださいね。

うーーーん
助けたほうがいいかしら…
うーん
あ
自分で解決できたのね
そっかそっか
うーーーん
うーんうーん
声かけたほうがいいかな…？
あ
あ大丈夫そう
そっかそっかそっかー

いろいろと
自分で解決
できるように
なってきたわね
なんだか
ちょっと
寂しいかな
はるくんも
なっちゃんも
成長した
なー
どうやら
子どもたち
なりに
答えを導き
出そうとして
いるようだね
そうやって
導き出した
答えなら
たとえ
間違ったって
人生の勉強に
なるはずだよ
自分で考える
力があれば
この先も
きっと
大丈夫！
そうね

よーーーし！
私も
自分の頭で考えられる
賢いママになるわ！
まず
手始めに
今夜は
オリジナリティ
あふれる
メニューの
夕ごはんに
するから！
いいこと思いついちゃった♡
オリジナリティ？
やな予感…
ごはんよーーー
サンマの
チョコソース
がけと
いろいろ
スウィーツ入り
コロッケよ
チョコ…♡
まだまだ
道は遠そう
だな……

おわりに

今の子どもたちは教育という点からは狭間の時代に生まれ落ちて、そのため非常に困難を強いられています。

以前であれば、勉強することになんの疑問もありませんでした。一生懸命勉強すればいい大学に合格でき、その結果、人生の成功がある程度約束されると、ほとんどの親と子どもたちが疑いもしなかったのです。

過当な受験競争があり、そこでの勝者は学歴社会においては生きやすかったことは事実です。

ところが、今や偏差値の高い大学を卒業したとか、高学歴だからといって、人生の成功者になるとは誰も信じられなくなりました。現に、東大卒であっても、社会で役に立たない人間はいくらでもいるのです。

さらに、今までの詰め込み学習はもはや世の中でなんの意味もなくなったことは、子どもたちにだってうすうす実感できるようになりました。

細かい知識を記憶しなくてもパソコンなどで検索すればこと足りますし、計算はコンピュータ、漢字はワープロが自動変換してくれます。

しかも、二〇二〇年から大学の入試制度が抜本的に変わります。そこでは今まで学習したこともない新たな能力が問われることになるのです。

そういった過渡期に生まれた今の子どもたちは、なんのために勉強すればいいのか、明確な動機付けも得られず、どのように勉強すればいいのかも分からないまま、ただ途方に暮れるしかないのです。

本書では新しい時代に向けて、新しい教育法を提案しました。

これからの時代は何より国語力こそが必要とされるのです。

その国語力とは文学鑑賞とかフィーリングを高めることではなく、論理的に読む力、論理的に考える力、論理的に話す力、論理的に書く力の総称です。それはすべて日本語の論理的な使い方なのです。

勉強は難関中学、高校、大学に合格するためのものではありません。

高い偏差値を獲得するためのものでも、他人との優劣を競うものでもありません。

新しい時代は答えのない時代です。誰かが用意した答えを探し当てるのではなく、まだ誰も経験したことのない事態に対して、自分の頭で答えを見つけていかなければなりません。

それには日本語で論理的に考える力こそが何よりも必要なのです。

また現代はグローバル化時代でもあります。

グローバル化時代は多様性の容認が前提となります。そこでは、民族も宗教も文化も歴史も異なる人たちと否応なく良い関係を築いていかなければなりません。

そのときの共通の言語は英語ではなく、論理でなければなりません。

そういった意味でも、子どもの頃から論理力を修得することが、これからの時代には何よりも優先させるべきことなのです。


ところが、悲しいことに、多くの学校や塾の現場では、いまだに旧態依然の詰め込み教育がまかり通っています。

学歴信仰の残像がまだ根強く残っているのです。

子どもたちは、ねじりはちまきをして、「合格」「努力」などの合い言葉のもと、ひたすらつまらない勉強を強いられているのです。

そうした時代遅れの教育を受けた子どもたちは、勉強すればするほど世の中でうまくいかないという現実に愕然とするはずです。

これからのあらゆる受験にも対応できなくなっていきます。

そうした子どもたちを救えるのは、親の力しかないのです。なぜなら、小学生のうちは、その勉強法を選択するのは本人ではなく、親だからです。そこに、親の責任があるのです。

本書によって、一人でも多くの子どもたちが自分自身で人生を切り開くための、国語力という強力な武器を手に入れることを切に祈っています。

出口　汪

【著者紹介】

出口 汪（でぐち・ひろし）

1955年東京都杉並区に生まれる。関西学院大学大学院文学研究科博士課程単位取得中退。広島女学院大学客員教授、論理文章能力検定評議員、東進衛星予備校講師、出版社「水王舎」代表取締役。現代文講師として、受験生の成績を飛躍的に伸ばし続け、受験参考書がベストセラーになるなど圧倒的な支持を得ている。また、「論理力」を養成するために開発した「論理エンジン」は、全国250校以上の学校で採用されている。著書に『出口の好きになる現代文』『出口のシステム現代文』『出口先生の頭がよくなる漢字』シリーズ『出口汪の「最強！」の記憶術』（以上、水王舎）、『マンガでやさしくわかる論理思考』（日本能率協会マネジメントセンター）など。

▶ 公式ブログ　http://ameblo.jp/deguchihiroshi/
▶ オフィシャルサイト　http://www.deguchi-hiroshi.com/
▶ ツイッター　@ deguchihiroshi
▶ メルマガ　http://tinyurl.com/lvmf47k

子どもの頭がグンと良くなる！ 国語の力

2015年 5 月10日　第一刷発行
2018年 6 月 1 日　第十刷発行

著者　出口 汪
発行人　出口 汪
発行所　株式会社水王舎
〒160-0023
東京都新宿区西新宿6-15-1 ラ・トゥール新宿511
電話 03-5909-8920
本文印刷所　慶昌堂印刷
カバー印刷所　歩プロセス
製本　ナショナル製本
漫画　設樂みな子
装丁　石間淳
校正　斎藤章
組版・本文デザイン　アーティザンカンパニー
編集担当　大木誓子

落丁、乱丁本はお取り替えいたします。

ISBN978-4-86470-022-1 C0037

伝えるノート

年　月　日

1 今の気持ち（君がしたいこと、してほしいこと）

2 読む人に伝わるように書こう

具体的に

家族・先生・友だちの意見

3 理由を書こう（どうしてそう思ったのか、なぜ必要なのか）

❹ 予想される反対意見を書こう

❺ 反対意見に対して、自分がどうするべきか書こう

❻ おうちの人の一言

この「伝えるノート」は水王舎のホームページ（http://www.suiohsha.jp/kokugo_chikara/index.html）からもダウンロードできます。

キリトリ線